Roswitha Gruber

Vom Zauber der Kindheit

BRUNNEN
Verlag GmbH · Giessen

MIX
Papier | Fördert gute Waldnutzung
FSC® C083411

2. Auflage 2026

Gottlieb-Daimler-Str. 22, 35398 Gießen
info@brunnen-verlag.de
www.brunnen-verlag.de

Umschlagfoto: © Bundesarchiv, Bild 183-44206-0003 / Fotograf: Schlegel
Umschlaggestaltung: Daniela Sprenger
Satz: DTP Brunnen
Druck: CPI books GmbH
Gedruckt in Deutschland
ISBN 978-3-7655-4378-4

Inhalt

Vorwort

Es hat mir seit jeher viel Freude gemacht, mich mit Frauen im Großmutteralter oder sogar im Urgroßmutteralter zu unterhalten und ihnen zuzuhören, wie sie aus ihrer Kinder- und Jugendzeit erzählen. Und mit der gleichen Begeisterung, mit der sie ihre Erinnerungen schildern, höre ich zu. Das Ergebnis solcher Begegnungen ist in diesem Band festgehalten.

Frauen kommen hier zu Wort, die aus den unterschiedlichsten Regionen und Gesellschaftsschichten stammen. Obwohl sie sehr verschiedenartige Lebensmuster hatten und die eine ein Schloss, die andere eine ärmliche Hütte ihr Zuhause nannte, ist ihnen vieles gemeinsam: Ihre Kindheit und Jugend waren überschattet vom Zweiten Weltkrieg. Einige von ihnen haben sogar noch den ersten großen Krieg miterlebt. Ihr Leben war bestimmt vom Kampf ums tägliche Brot, es war geprägt von Arbeit und Pflichterfüllung, von Entbehrungen und Gehorsam. Für Vergnügungen, Spiel und Ablenkung blieb nur wenig Zeit.

Trotzdem sehen sie rückblickend ihre Jugend überwiegend in einem rosigen Licht. Sie sind der

Überzeugung, dass sie alles in allem eine schöne Kindheit hatten und dass ihnen die viele Arbeit und die strenge Erziehung nicht geschadet haben. Alle diese Frauen haben sich eine gehörige Portion Lebensfreude und Optimismus bewahrt und schauen trotz ihres teilweise hohen Alters noch voller Tatendrang in die Zukunft.

Vaters Liebling

Katharina, Jahrgang 1932, aus Mommenheim/ Rheinhessen

Wenn ich an meine Kindheit zurückdenke, fällt mir auf, dass meine frühesten Erinnerungen mit meinem Vater zu tun haben. Meine Mutter trat erst in Erscheinung, als ich schon nicht mehr ganz so klein war. Das liegt sicher nicht nur daran, dass sie als Näherin viel außer Haus gearbeitet hat, denn auch mein Vater war als Vollzeitlandwirt nicht immer zu Hause. Wahrscheinlich ist der Grund dafür eher darin zu suchen, dass meine Mutter mit mir nicht viel anzufangen wusste.

Bestimmt hatte auch sie ihre guten Seiten, aber es war nicht gerade das, wonach ein kleines Kind sich sehnt. Mein Vater war da einfühlsamer, und er liebte mich wirklich, während ich bei meiner Mutter eher den Eindruck hatte, dass sie mich ablehnte. Sie begann sich erst für meine Person zu interessieren, als ich alt genug war, um arbeiten zu können. Das behaupte ich nicht nur, weil ich das als Kind so empfand. Es gibt auch Aussprüche von ihr, die das belegen. Doch davon später.

Im Zusammenhang mit meinem Vater fallen mir eine ganze Reihe von Begebenheiten ein. Obwohl er sich oft mit mir beschäftigte, kam auch bei ihm die Arbeit an erster Stelle, denn davon lebten wir ja schließlich. Aber mein Vater verstand es, die Arbeit spielerisch zu gestalten, und so entstand das bei mir sehr beliebte Spiel „Bohnenmühle". Jedes Mal, wenn wir Stangenbohnen ausgepalt hatten, „auskiwweln" sagte man bei uns, nahm er ein Blatt Papier und zeichnete ein Mühlespiel auf. Derweil suchte ich aus dem Bohneneimer neun große weiße und neun dunkle Bohnen aus. Damit spielten wir Mühle. Das war seine Art Belohnung für meine Arbeit. Aus meiner Sicht war das jedoch keine wirkliche Arbeit gewesen, sondern nur die Vorbereitung zum Mühlespiel. Eigenartigerweise gewannen wir immer abwechselnd. Ob er da ein bisschen zu meinen Gunsten gemogelt hat?

Auch eine andere Arbeit machte mir der Vater erträglicher – das Abkeimen von Kartoffeln. Da die Keime schädlich für Schweine sind, war es von klein auf meine Aufgabe, diese zu entfernen, bevor die Kartoffeln für die Schweine gekocht wurden. Ich verabscheute das. Deshalb breitete mein Vater eines Tages, bevor er aufs Feld ging, die entsprechende Menge Kartoffeln im Hof aus und erklärte mir: „Es reicht, wenn du die Kartoffeln am Nachmittag kochst. Ich habe sie aber schon in den Hof gekippt, damit die Hühner die Keime abpicken. Dann hast du weniger Arbeit.“ Es funktionierte! Ich hatte nicht nur meinen Spaß, wenn sich die Hühner über die braunen Erdknollen hermachten, sondern es ersparte mir tatsächlich das zeitraubende Abkeimen. Ich brauchte nur noch ein wenig nachzuarbeiten. Dann wusch ich die Kartoffeln und warf sie in den großen Kessel.

Nicht nur die Arbeit, auch andere Fertigkeiten brachte mir der Vater „spielend“ bei. Von ihm lernte ich zum Beispiel das Schleifenbinden. Dazu befestigte er eine Kordel an einem Wagenrad. Schritt für Schritt machte er mir dann vor, wie man eine Schleife bindet. Während er den Wagen ablud, übte ich so lange mit der Kordel, bis ich ihm voller Stolz berichten konnte: „Ich kann's.“ Er war es auch, der mir das Sonnensystem erklärte. Das mag er zwar nicht in den richtigen Größenverhältnissen getan haben, aber er machte es so, dass ich verstand, wer wen umkreist. Als Erde diente ihm das Mehlfass, die Sonne war der Salznapf und der Mond das kleine blau emaillierte

Fetttöpfchen. Diese Gefäße baute er auf dem Küchentisch auf und bewegte sie entsprechend umeinander. Viel später, als wir dieses Thema in der Schule durchnahmen, konnte ich mit meinem Wissensvorsprung glänzen.

Außer Äckern für Getreide, Rüben und Kartoffeln gehörten zum elterlichen Besitz auch Weinberge, und nachdem mein Vater herausgefunden hatte, dass ich Traubensaft liebte, füllte er jedes Jahr extra für mich fünfzig Liter ab. Damit er haltbar wurde, musste ich in dem kleinen Dorfladen ein weißes Pulver kaufen, das unter den frischen Most gerührt wurde, bevor er in Flaschen abgefüllt, verkorkt und an einem gesonderten Platz im Weinkeller für mich aufgehoben wurde.

In der Kriegszeit war neben allem anderen auch der Zucker rationiert. Jeder Winzer bekam jedoch ein bestimmtes Kontingent – wenn ich mich nicht irre, einen halben Zentner –, damit er seinen Haustrunk süßen konnte. Das war eine Art Wein für den Eigenbedarf, aber so minderwertig, dass man für ihn diese Bezeichnung gar nicht verwendete. Der echte Wein, der direkt aus den Trauben gepresst wurde, musste ja verkauft werden, damit man Geld einnahm. Der

Haustrunk entstand, indem man auf die bereits ausgepressten Trauben, den sogenannten Trester, Wasser gab. Diese Mischung ließ man stehen, bis sie gärte. Dann presste man das Wasser wieder ab. Ohne Zucker war dieses Getränk kaum genießbar. Genügsam, wie mein Vater war, verwandte er aber nur wenig Zucker, damit der Mutter genug zum Backen blieb. Seinen Trunk süßte er stattdessen mit einem dicklichen Zuckerrübensirup, den er in einer mühsamen Prozedur selbst herstellte.

Aber auch ich war Nutznießer dieses Zuckers. Da es in meiner Kindheit so gut wie keine Süßigkeiten gab, durfte ich mit der Hand Zucker aus dem Sack schöpfen und davon so lange essen, bis ich nicht mehr konnte. Das war von meinem Vater nicht nur nett gemeint, sondern auch klug gedacht, denn auf diese Weise bekam ich bald genug von dem Zucker und hatte kein Interesse mehr, heimlich davon zu naschen.

In meiner frühen Kindheit, ich war noch nicht schulpflichtig, ist es einmal vorgekommen, dass mitten im Winter unsere Kühe die Maul- und Klauenseuche hatten und unser Hof unter Quarantäne stand. Man konnte bleiben – oder man ging und durfte nicht zurück, bis alles vorbei war. Nun stand ich vor der Wahl, meine Mutter zu ihrer Nähkundschaft zu begleiten und dort auch zu übernachten, oder mit meinem Vater in wochenlanger Abgeschiedenheit auf dem Hof auszuharren. Ich entschied mich für den Vater, denn es machte mir überhaupt nichts aus, allein mit ihm im Haus zu sein. Manchmal stand ich am Fenster und beobachtete das Treiben auf der Straße. Oftmals blieben Kinder unter dem Fenster stehen und starrten mich an, als ob ich ein Affe im Zoo wäre. Neben seiner Stallarbeit musste mein Vater sich damals auch um den Haushalt kümmern. Er machte das ganz großartig, zumal er ans Kochen ohnehin gewöhnt war, weil meine Mutter meistens bei ihren Kunden aß.

Anfangs habe ich geglaubt, sie nähe hauptsächlich, um den kargen Ertrag aus der Landwirtschaft aufzubessern. Heute denke ich, dass Nähen eine Art Leidenschaft von ihr war. Es war ihr wichtiger als alles andere. Es war bei ihr das, was man heute Selbstverwirklichung nennt. Dafür spricht auch die Geschichte, von der ich gar nicht weiß, wie oft sie sie mir erzählt hat.

Sie hatte nie eine Schneiderlehre gemacht, nähte aber von Kindheit an wahnsinnig gern. Ihre Fertigkeiten hatte sie sich nach und nach durch Zuschauen erworben. Immer wenn die Näherin in ihr Elternhaus gekommen war, hatte sie mit leuchtenden Augen hinter ihr gestanden und ihr zugesehen. Schon früh hatte sie angefangen, Puppenkleider zu nähen, und bald schon hatte sie sich an Schürzen für sich und ihre Schwestern versucht. Zu ihrem größten Bedauern aber musste sie alles mit der Hand nähen, denn es gab keine Nähmaschine im Haus – die Näherin brachte immer ihre eigene mit. Mutters sehnlichster Wunsch war es von klein auf gewesen, eine solche Maschine zu besitzen. Deshalb häufte sie Pfennig auf Pfennig, Mark auf Mark. Sie sparte ihr Kirmesgeld, sie verzichtete auf ein neues Kleid und ließ sich stattdessen von den Eltern Geld geben. Von ihrer Patin erbat sie sich immer nur Bargeld als Geschenk. Um zusätzlich etwas zu verdienen, arbeitete sie neben ihren Pflichten im Elternhaus bei den Bauern auf den Feldern oder putzte beim Lehrer und beim Pfarrer. Als sie endlich genug beisammen zu haben glaubte, fuhr sie nach Mainz. Stolz betrat sie den Laden, in dem das Objekt ihrer Begierde stand. Selbstbewusst trug sie ihren Wunsch vor, doch als es ans Bezahlen ging, fehlten ihr fünfzig Mark. Tief enttäuscht fuhr sie nach Hause und sparte eifrig weiter. Bei ihrem nächsten Besuch in Mainz blätterte sie dem Ladeninhaber die Summe hin, die er beim vorigen Mal genannt hatte. „Mein liebes

Fräulein", lachte dieser gequält, denn er sah ein Geschäft durch die Lappen gehen. „Die Preise haben sich seit Ihrem letzten Besuch leider geändert. Heute kostet die Maschine das Doppelte." Wie niedergeschlagen meine Mutter in diesem Moment war, kann man sich vorstellen. Völlig mutlos kam sie zu Hause an und berichtete, was geschehen war. Da sprach ihr Vater ein Machtwort: „Mutter, jetzt gib endlich dem Mädchen das Geld, das es für die Maschine braucht."

Am übernächsten Tag schon begleitete meine Großmutter höchstpersönlich mit wohlgefülltem Portemonnaie ihre Tochter nach Mainz. Jetzt verlangte der Händler mindestens das Dreifache von dem Preis, den er beim letzten Mal genannt hatte. Die Großmutter zuckte angeblich nicht einmal mit der Wimper. Sie zahlte den geforderten Betrag – wohl wissend, dass sie diese Maschine nie wieder so billig erwerben würde wie heute. Denn auch sie hatte inzwischen mitbekommen, dass Inflation herrschte und man froh sein musste, wenn man für sein Geld überhaupt etwas bekam. Ihre Tochter aber, meine Mutter, war überglücklich. So war sie 1923 in den Besitz einer Nähmaschine gekommen, auf der ich heute noch nähe. Meine Mutter vervollständigte ihre Nähkünste und war bald sogar in der Lage, eigene Schnitte anzufertigen. Drei Jahre nach dem Maschinenkauf heiratete sie, und von nun an trug mein Vater ihr die Maschine immer in die Häuser der Kunden.

Als ich im zweiten oder dritten Schuljahr war, musste ich meist zum Nähen mitgehen. Aber nicht, damit ich beaufsichtigt war, sondern um zu helfen. Damals gab es ja noch keine Zickzack-Maschinen. Alle Nähte mussten von Hand versäubert werden. Meine Mutter zeigte mir, wie das ging, und danach musste ich stundenlang umstechen. Diese Arbeit habe ich gar nicht gerne gemacht, weil ich es hasste, still zu sitzen und dazu beständig unter den Augen meiner Mutter zu sein. Als mich einmal eine Kundin bedauerte und zu meiner Mutter sagte: „Lisbeth, lass das Kind doch nicht immer nähen. Es möchte sicher viel lieber draußen rumspringen", da reagierte sie wie eine Furie: „Was soll das? Meinst du vielleicht, ich hätte mein Leben aufs Spiel gesetzt, nur dass die da draußen rumspringt?"

Diese Worte beeindruckten mich mächtig. Noch hatte ich keine Ahnung, woher die Kinder kamen, und wusste folglich auch nicht, auf welche Weise meine Mutter dabei ihr Leben aufs Spiel gesetzt haben konnte. Aber die Worte „Leben aufs Spiel setzen" riefen in mir die Vorstellung hervor, dass meine Mutter etwas Großes, etwas Heroisches für mich vollbracht haben musste. Meine Achtung für sie wuchs, und ich entwickelte sogar eine gewisse stille Verehrung. Später, als ich dann um das Geheimnis von Zeugung und Geburt wusste, verlor meine Mutter diesen Heiligenschein wieder.

Kurze Zeit danach erfuhr ich von jemand, dass ich eigentlich einen Bruder gehabt hätte. Der sei drei Jahre vor mir geboren worden, aber tot zur Welt gekommen. Neugierig, wie ich war, nahm ich all meinen Mut zusammen und sprach meine Mutter darauf an. „Wenn dein Bruder am Leben geblieben wäre“, war ihre Entgegnung, „dann wärst du heute nicht auf der Welt.“

Diese Aussage traf mich hart, und der Rest an Zuneigung ihr gegenüber erlosch. Ihre Worte bestätigten mir, dass ich für sie eigentlich nur als Arbeitshilfe wertvoll war. Bei meinem Vater musste ich zwar auch arbeiten, aber auf eine andere Art. Mit ihm geschah das sozusagen auf einer Stufe. Bei der Mutter dagegen hatte ich immer das Gefühl von Herrin und Sklavin.

Obwohl ich in jungen Jahren schon viel arbeiten musste, blieb doch immer auch ein wenig Zeit für mich. Meist war ein ganzes Rudel Kinder beisammen, und wir tollten auf der Straße herum. An eines unserer liebsten Spiele darf ich gar nicht mehr denken, sonst überläuft mich heute noch eine Gänsehaut. In unserer Nachbarschaft stand ein altes Haus, das nicht mehr bewohnbar war und aus dem die Leute sich alles Mögliche herausholten: Fußbodenbretter, Türen, Steine, Fenster, Dachziegel. Als das Haus nur noch ein Gerippe war, spielten wir Kinder mit Begeisterung darin. Wir kletterten auf die Mauern und liefen über die freigelegten Balken. Wir liebten das, und es kam uns kein Gedanke, in welcher Gefahr wir uns befanden. Wie leicht hätten wir abstürzen können! Kein Erwachsener schaute nach uns. Entweder wussten sie nicht, wie gefährlich das Haus mit der Zeit geworden war, oder sie vertrauten auf unseren Schutzengel. Die Freundschaft unter uns Mädchen war besonders eng. Oft kamen sie zu mir, wenn meine Mutter mich wieder einmal reichlich mit Arbeit eingedeckt hatte, und packten mit an, damit ich schneller fertig war und zum Spielen hinauskonnte.

Mit der Zeit fand ich es sogar nicht mehr schlimm, meine Mutter zu ihren Kunden zu begleiten. Dadurch erlebte ich auch viel Interessantes. Schon allein, dass ich in die unterschiedlichsten Häuser kam und sehen konnte, wie andere Leute wohnten, beeindruckte mich. Auch dass wir an den Mahlzeiten der Familien teilnahmen, faszinierte mich. Denn jede Hausfrau kochte anders, jede Familie hatte andere Essgewohnheiten. Da ich oft dabei war, wenn meine Mutter ein Brautkleid nähte, engagierten sie mich manchmal auf der Stelle zum Schleiertragen. An einzelne solcher Szenen kann ich mich nicht mehr erinnern, aber später wurde mir wiederholt gesagt: „Du warst ja so brav in der Kirche, während der ganzen Trauung hast du dagestanden wie eine Eins."

Ein anderes Erlebnis aus dieser Zeit ist mir dagegen lebhaft in Erinnerung geblieben. Meine Mutter arbeitete mehrere Tage hintereinander bei einer Familie. Während sie dort neue Kleidung anfertigte, befand sich eine Frau von auswärts im Haus, die Wäsche flickte. Das Auffällige an ihr war nicht nur ihre kleine Gestalt, sondern vor allem ihr mächtiger Buckel. Noch deutlich sehe ich das Bild vor mir: Meine Mutter saß an ihrer Nähmaschine vor dem Fenster, schräg hinter ihr stand ich, und neben mir saß die kleine Frau. Unvermittelt äußerte sie: „Das Kind kriegt mein Kreuzchen."

Sie langte nach ihrer Handtasche, wühlte ein

bisschen darin herum und förderte ein Zeitungspapierpäckchen zutage. Neugierig beobachtete ich, wie sie es aufwickelte. Heraus kam ein wunderschönes geschnitztes Elfenbeinkreuz. Die Feinheit dieser Arbeit und den Wert dieses Kreuzes vermochte ich zu dieser Zeit noch nicht einzuschätzen. Dennoch hatte ich das Gefühl, dass mir da etwas sehr Kostbares anvertraut wurde und dass ich es in Ehren halten musste. Heute bewahre ich dieses Kreuz in einem Safe in meiner Bank auf, wenn ich für längere Zeit aus dem Haus bin. Denn jedes Mal, wenn ich auf Reisen war, hatte ich ein ungutes Gefühl, wenn ich das Kreuz unbewacht in meiner Wohnung wusste. Wenn es gestohlen würde, wäre das ein unersetzlicher Verlust für mich. Nicht aufgrund seines materiellen, sondern wegen des ideellen Wertes, den es für mich darstellt. Als Kind nahm ich das Kreuzchen einfach dankbar entgegen. Erst später machte ich mir Gedanken darüber, warum die Frau es verschenkt und warum sie es ausgerechnet mir gegeben hatte. Vielleicht fühlte sie ihren Tod herannahen und wollte dieses Kreuz, das ihr selbst viel bedeutet hatte, in guten Händen wissen. Vielleicht hatte sie die Gabe, in dem kleinen Kind, das ich damals war, zu erkennen, dass ich einmal für solche Dinge ein Gespür entwickeln würde. Womöglich hatte sie aber auch nur Mitleid mit der armen Kleinen, die immer im Nähzimmer der Mutter sein musste, oder es war einfach ein Zeichen von Anerkennung und Dankbarkeit, weil ich sie niemals, wie andere Kinder das getan hatten, wegen ihres Buckels verspottet oder ausgelacht hatte.

Es waren aber nicht nur freudige Anlässe, für die meine Mutter zu nähen pflegte. Nach einem Sterbefall brachte sie in den Trauerhäusern immer die Trauergarderobe für die ganze Familie in Ordnung. Bei einem solchen Anlass sah ich zum ersten Mal einen Toten, weshalb sich mir dieser Tag besonders eingeprägt hat. Bei unserem Eintreffen nahm mich die Tochter des Verstorbenen bei der Hand und wollte mich gleich zu ihm führen, obwohl meine Mutter sie daran zu hindern suchte, weil ich noch zu jung sei. Die Hausherrin aber entgegnete: „Ach, lass das Kind ruhig mit mir gehen. Sterben gehört zum Leben. Es ist kein Fehler, wenn man mit dieser Tatsache früh genug vertraut gemacht wird."

Wir traten an das Bett des Toten. Er war schon ein sehr alter Mann, trug einen Vollbart und lag mit geschlossenen Augen da. Seine Tochter flüsterte mir zu: „Siehst du, er schläft." Deshalb hatte ich überhaupt keine Angst und auch kein unheimliches oder unbehagliches Gefühl. Meiner Überzeugung nach war dieses frühkindliche Erlebnis die Ursache dafür, dass ich auch später völlig unbefangen an jedes Totenbett treten konnte.

Im Winter pflegte mein Vater oft Schneemänner mit mir zu bauen. Einmal war es eine ganze Schneemannfamilie. Vater und Mutter Schneemann waren etwa so groß wie ich. Davor stand, aufgereiht wie die Orgelpfeifen, eine ganze Reihe kleiner Schneemannkinder. So etwas hätte meine Mutter nie mit mir gemacht – es wäre in ihren Augen reine Zeitverschwendung gewesen. Das Einzige, was sie für mich tat, war, mir zu Weihnachten neue Puppenkleider zu nähen, und die waren wirklich immer ganz entzückend, das muss man ihr lassen.

Einmal hatte ich mir beim Spielen mein Kleid eingerissen, was für meine geschickte Mutter eigentlich kein Problem darstellte. Aber ich hatte wahnsinnige Angst, ihr den Schaden zu beichten, und vertraute mich lieber dem Vater an. Der war sofort bereit zu helfen, konnte aber mit einer normalen Nähnadel nicht umgehen. Also führte er mich in die Scheune, nahm die grobe Nadel und den groben Faden, mit denen er immer die Säcke flickte, und nähte unbeholfen den Riss an meinem Kleid. Die Mutter hat die laienhafte Flickarbeit natürlich sofort bemerkt, aber da sie wohl gerade gut gelaunt oder von diesem Reparaturversuch ihres Mannes gerührt war, schimpfte sie nicht, sondern trennte wortlos die Naht auf und reparierte das Kleidchen fachgerecht.

In der schlechten Zeit während des Zweiten Weltkriegs, als es nichts zu kaufen gab, hatte meine Mutter einmal durch ein Tauschgeschäft Schuhe für mich aufgetrieben, worüber sie sehr glücklich war. Ich aber lehnte sie ab, weil es Bubenschuhe waren. Selbst nachdem meine Mutter sie mit roten Holzperlen verziert hatte, fand ich sie nicht schöner, doch blieb mir nichts anderes übrig, als sie zu tragen. Schließlich konnte ich im Winter nicht barfüßig herumlaufen.

Meine Erstkommunion fiel in das Jahr 1942. Zu diesem Anlass nähte mir die Mutter ein schönes weißes Kleid samt passendem Täschchen. Den Stoff hatte sie noch aus besseren Tagen herübergerettet, und auch die Unterwäsche war mein Eigentum. Alles andere jedoch war zusammengeborgt: Schuhe, Handschuhe, Strümpfe und Kränzchen. Zu einem Kommunionkind gehörte natürlich auch ein Gebetbuch. Statt glücklich darüber zu sein, ein eigenes zu haben, störte mich daran, dass es nur Silberschnitt hatte, denn alle anderen Kinder hatten ein Buch mit Goldschnitt. Dieser Unterschied war so lange schlimm für mich, bis ich erfuhr, dass den anderen die Bücher nicht wirklich gehörten, weil es die der Eltern waren. Mein Buch dagegen war mein Eigentum.

Der Weiße Sonntag fällt ja meist in eine Zeit, in der es noch recht kühl ist. Um die Kirche zu heizen, fehlten die Kohlen. Nun durfte sich damals jeder Winzer Schlacken von der Bahn holen, die zerkleinert in den Weinbergen verteilt wurden. Zum einen dienten sie dazu, den Boden aufzulockern, zum anderen nahm die dunkle Schlacke mehr Sonnenwärme auf, und nicht zuletzt war man der Ansicht, dass die winzigen Reste von Mineralien darin ein guter Nährstoff für die Trauben seien. Unter diesen Schlacken befand sich immer noch ein bisschen Koks. Damit sein Töchterchen am Weißen Sonntag nicht zu frieren brauchte, machte sich mein Vater große Mühe, stellte ein Sieb auf, wie es früher die Maurer verwendet haben, um die Steine vom Sand zu trennen, und durch dieses warf er mit einer Schaufel seine sämtlichen Schlacken. Auf diese Weise bekam er drei Säcke Koks zusammen. Ein Nachbar, auch Vater eines Kommunionkindes, spendierte trockenes Rebholz, und so konnte man die Kirche zur Erstkommunion heizen, und keines der Mädchen brauchte in seinem weißen Kleidchen zu frieren. Zur nachmittäglichen Feier gab es dann tatsächlich eine Buttercremetorte, für die meine Mutter von langer Hand die Zutaten zusammengespart hatte. Von unseren Hühnern hatten wir die Eier, der Zucker stammte aus Vaters bewusstem Zuckersack, musste aber, weil er viel zu grob zum Backen war, noch mit der Kaffeemühle zermahlen werden. Dieser Zucker war auch wichtig für die Weihnachtsplätzchen. Auch das muss ich meiner Mutter lassen – die Zeiten konnten noch so schlecht sein, sie brachte immer zwölf Sorten Plätzchen auf den Weihnachtstisch.

Apropos Weihnachtsplätzchen, da fällt mir ein Erlebnis mit meiner Großmutter väterlicherseits ein. Sie war eine liebe Frau, und Weihnachten stand immer ein Pflichtbesuch bei ihr an, den ich jedoch mit Begeisterung machte, denn bei ihr durfte man sich an Weihnachtsplätzchen satt essen, während meine Mutter die unseren zu verstecken pflegte. Wenn ich am Weihnachtsmorgen zur Großmutter in die Stube trat, stand die flache, ovale Emailschüssel schon auf dem

Tisch, voll mit Plätzchen. Meistens brachte ich sogar eine Freundin oder einen Freund mit, wenn ich der Oma ein frohes Weihnachtsfest wünschte. Auch die durften sich an den Plätzchen bedienen. Einmal hatte ich den Willi dabei, dem es so gut schmeckte, dass er Plätzchen in die Hosentasche stecken wollte. Da schritt meine großzügige Großmutter allerdings energisch ein: „Nein, nein, Willi, mitnehmen darfst du keines. Aber hier darfst du dich satt essen."

Eine wichtige Rolle in meiner Kindheit spielte auch meine Patin, die man bei uns Götchen nannte. Sie war eine Schwester meiner Mutter und lebte mit ihrer Familie in Mainz. Schon als kleines Kind habe ich viel Zeit bei ihr verbracht. Nach ihrer Erzählung muss ich einmal den Ausspruch getan haben: „Ach, Götchen, bei dir ist immer Sonntag." Dieses Gefühl hatte ich wahrscheinlich deshalb, weil ich bei ihr immer mein Sonntagskleid trug. Außerdem bekam ich in ihrem Haus sonntägliches Essen, darunter Dinge, die ich von zu Hause nicht kannte, wie etwa Kalbsleberwurst. Auch das Gulasch schmeckte bei der Patin viel besser als zu Hause. Ich schob das auf die Größenunterschiede bei den eisernen Bratentöpfen, die in Rheinhessen „Kroppen" heißen, und das veranlasste mich zu der Aussage: „Götchen, wenn ich mal verheiratet bin, kaufe ich mir auch so einen kleinen Kroppen und nicht so einen großen, wie ihn meine Mutter hat. Aus dem kleinen Kröppchen schmeckt das Gulasch viel besser." Erst später kam ich dahinter, woran das lag: Die Patin hat ans Gulasch nicht so viel Wasser gegeben wie meine Mutter.

Sie machte für damalige Verhältnisse auch immer großzügige Patengeschenke. So war ich das einzige Kind im Dorf, das Rollschuhe mit Kugellager besaß. Zu Weihnachten bekam ich von ihr Schlittschuhe, ebenfalls eine Rarität damals. Der Mann meiner Patin war Leiter einer Segelflugzeugwerkstatt, wo allerlei Material abfiel, aus dem seine geschickten Hände so manches Spielzeug für mich bastelten. So baute er ein Puppenhaus, das einmalig war, denn es enthielt nicht nur Küche und Schlafzimmer wie die üblichen Puppenhäuser, sondern sogar ein Herrenzimmer, das liebevoll eingerichtet war. Es hatte einen Schreibtisch, an dem ein lesender Mann saß, und ein Bücherregal mit goldgeprägten Buchrücken. Auch eine Sitzecke war da, bestehend aus Tisch, Sessel und Sofa, und sogar einen richtigen Kachelofen hatte der Onkel eingebaut. Wie wurde ich von meinen Spielkameradinnen um dieses großartige Haus beneidet!

Auch eine andere Schwester meiner Mutter, Tante Lene, übte eine gewisse Anziehungskraft auf mich aus. Ihr Mann befuhr nämlich mit einem Kohlenschleppkahn den Rhein. Die ganze Familie war mit von der Partie, sodass sich ihr Familienleben in der Kajüte und auf Deck abspielte. Im Alter von fünf Jahren durfte ich zum ersten Mal für einige Wochen mitfahren. Ach, war das herrlich! Das viele Wasser rundherum, die ständig wechselnde Landschaft zu beiden Seiten, andere Kähne, die uns überholten oder entgegenkamen, die schönen Ausflugsdampfer, die vorbeiglitten!

Als ich das Alter erreicht hatte, in dem man auf eine höhere Schule wechseln konnte, hätte ich das gerne gemacht. Es wäre mein sehnlichster Wunsch gewesen, Ärztin zu werden oder Apothekerin. Aber das war bei uns unmöglich, denn wir befanden uns ja mitten im Krieg, und kein Kind aus unserer Klasse ist aufs Gymnasium gegangen. Außerdem wäre es auch sonst für mich kaum infrage gekommen, weil meine Mutter das als Zeitverschwendung angesehen hätte. Sie wartete ja bereits sehnsüchtig auf meine Schulentlassung, damit ich sie endlich als vollwertige Arbeitskraft unterstützen konnte. Deshalb wurde ich nach Ende der Schulzeit auch gar nicht gefragt, ob ich einen Beruf erlernen möchte. Zu der Zeit wäre ich gerne Apothekenhelferin geworden, aber nach dem Willen meiner Mutter sollte ich voll ran, im Haus, im Stall, auf dem Feld und im Weinberg. Dabei fühlte ich mich oft überfordert. Eine ganz schwere Arbeit war zum Beispiel das Weinbergspritzen, weil man die schweren Behälter die ganze Zeit auf dem Rücken trug. War die Spritzbrühe einmal angerührt, musste man so lange sprühen, bis sie verbraucht war. Das konnte bisweilen von sieben Uhr in der Früh bis zum Mittag dauern, besonders wenn der Weinberg steil war. Völlig erschöpft kamen mein Vater und ich weit nach ein Uhr zu Hause an. Was aber tat die Mutter? Sofort nach dem Essen schickte sie uns wieder raus zum Rübenhacken. Darüber war ich wütend, nicht nur auf meine Mutter, sondern auch auf meinen Vater, der nicht den Mund aufgemacht hatte. Aber er ging einfach den Weg des geringsten Widerstandes. Allerdings widersetzte er sich meiner Mutter heimlich: Zwar zogen wir mit unseren Hacken los, doch dann suchte Vater ein schattiges Plätzchen und sagte: „Jetzt halten wir erst mal unseren Mittagsschlaf."

Als ich sechzehn war, durfte ich mich in

Mainz am Institut für Kirchenmusik anmelden, um Orgelspielen zu lernen. Das war schon immer mein sehnlichster Wunsch gewesen, und es hatte eine ganze Zeit gedauert, bis meine Mutter ihre Erlaubnis gab. Schließlich kostete der Unterricht nicht nur Geld, sondern zog mich auch für einige Stunden von der Arbeit ab. Als ich dann auch noch in den neu gegründeten Turnverein für Mädchen eintreten wollte, war es zu Ende mit ihrer Großzügigkeit, und ich wurde vor die Wahl gestellt: „Entweder Turnverein oder Orgel. Beides gibt es nicht. Erstens wird uns das zu teuer, zweitens bleibt dann noch weniger Zeit für die Arbeit." Ich entschied mich für die Orgel und habe das niemals bereut.

Die ganze Liebe und Zuwendung, die mein Vater mir schenkte, vermochten es nicht, das Defizit auszugleichen, das ich durch die Gefühlskälte meiner Mutter empfand. Deshalb nahm ich mir bereits als junges Mädchen vor: Sollte ich einmal Kinder haben, sollen sie nicht das Gleiche erleben. Ich werde ihnen viel Liebe, Wärme und Geborgenheit schenken. Ich glaube, dass mir das bei meinen beiden Töchtern geglückt ist.

Stadtluft

Hanna, Jahrgang 1907, aus Bad Schwalbach/Hessen

Mein Vater war Installateur an einer Klinik in Bad Schwalbach, und in diesem Ort habe ich auch meine ersten Lebensjahre verbracht. Wir wohnten in einem Haus in der Hauptstraße, im ersten Stock. Kurz nach meinem dritten Geburtstag sind wir nach Mainz gezogen, weil mein Vater dort eine bessere Anstellung gefunden hatte. Wir waren damals drei Geschwister: Liesel war vier und Heine drei Jahre älter als ich. In Mainz war es herrlich für uns Kinder. Wir wohnten am Barbarossaring in einem großen Haus, in dem es viele Kinder gab, mit denen wir spielen konnten – meistens auf dem großen Hof hinter dem Haus, wo man prima Seilspringen, Murmelnwerfen und Kreisspiele machen konnte. Sogar auf der Straße durften wir spielen, denn es fuhren ja noch keine oder kaum Autos.

In der Nähe unseres Hauses gab es einen Graben, in dem wir uns am liebsten aufhielten. Wir setzten uns auf Blechdeckel, die wir irgendwo aufgetrieben hatten, und rutschten immer wieder den Abhang hinunter – das war beinahe wie Schlittenfahren. Zum Rhein war es auch nicht weit, und so gingen wir oft zum Ufer oder über die Kaiserbrücke zur Petersaue, einer Insel. Alle Rheininseln in Mainz heißen Aue. Wenn man von der Brücke herunterstieg, war man auf einer Wiese, die für uns ein wunderschöner Spielplatz war.

Wenn ich nicht draußen war, habe ich gerne mit Puppen gespielt. An meine erste Puppe erinnere ich mich noch gut. Sie war klein und hatte einen Porzellankopf mit angemalten Haaren. Ich bekam sie zu Weihnachten und war so stolz darauf, dass ich sie unbedingt den anderen Mädchen im Hof zeigen wollte. Meine Puppe im Arm, stieg ich die Treppe hinab, stolperte und fiel die letzten Stufen hinunter. Dabei schlug die Puppe auf dem Boden auf, und der Kopf war kaputt. Nein, war das traurig! Das vergesse ich nie. Ich habe fürchterlich geweint – es war schließlich Weihnachten, und ich hatte nichts mehr zum Spielen. Das war schlimmer, als wenn ich mir selbst wehgetan hätte. Ich traute mich gar nicht mehr in den Hof, weil ich nichts zum Herzeigen hatte, und ging heulend zurück in die Wohnung. Meine Mutter war froh, dass mir nichts passiert war, und tröstete mich, so gut es ging. Sie meinte, das Christkind werde im nächsten Jahr einen neuen Kopf für die Puppe bringen. Was nützte das schon? Jetzt waren die Feiertage, und ich hatte nichts zum Spielen. Im nächsten Jahr zu Weihnachten bekam ich die Puppe tatsächlich mit einem neuen Kopf zurück. Da war ich selig und passte dieses Mal besser auf.

Als ich älter war, bekam ich eine außergewöhnliche Puppe, die bestimmt einen halben Meter groß war. Es war eine Gliederpuppe, deren Arme, Hände und Beine man bewegen konnte. Überdies hatte sie echtes Haar und Schlafaugen. Ich liebte sie heiß und innig, und da ich schon immer gern genäht habe, habe ich für sie aus jedem Stück Stoff, das ich erwischen konnte, Kleider genäht. Einmal habe ich von der Schneiderin, die gelegentlich zu uns ins Haus kam, einen schönen dünnen Stoff bekommen, der gerade für eine Schürze reichte. Damit ich der Puppe diese Schürze anziehen konnte, setzte ich sie auf meinen Schoß, doch was dann passierte – ich weiß es nicht, weil alles so schnell ging. Jedenfalls fiel die Puppe auf den Boden und knallte direkt auf ihren Porzellankopf. Wieder gab es zum nächsten Weihnachtsfest vom Puppendoktor einen neuen Kopf, aber der war lange nicht so schön wie der erste. Trotzdem habe ich diese Puppe heute noch. Sie liegt im obersten Fach meines Kleiderschranks, aber erneut ohne Kopf.

1913, als ich fünfeinhalb Jahre war, kam ich in die Schule und bekam eine große Tüte, die bis oben hin voll war mit Süßigkeiten, Schnuckelzeug hieß das bei uns. Ich war so stolz, vor allem auf den nagelneuen Lederranzen und die Schiefertafel, an der an zwei Kordeln ein Schwamm und ein Lappen baumelten. Die Griffel hatte man in einer Dose aus Holz, die aufschiebbar war. In der Klasse verglichen wir unsere Dosen miteinander, und meine war besonders schön bemalt. Später kamen dann Federmäppchen in Mode. Damals hatten wir auch nachmittags Schule, von zwei bis vier. In der Mittagspause mussten wir immer schnell heim, um zu essen und danach unsere Hausaufgaben zu machen. Da gab es kein Pardon. Die Mutter war streng und hat immer alles kontrolliert.

In Mainz wurden noch zwei Geschwister geboren, zuerst der Willi und dann, als ich schon sieben war, die Anni. Ich weiß noch, wie ich sie immer ganz stolz im Kinderwagen herumgeschoben habe. Leider ist sie nicht sehr alt geworden. Mit anderthalb Jahren starb sie an der Englischen Krankheit, wie man die Rachitis damals nannte und an der früher öfters Kinder gestorben sind.

Ich habe anfangs gar nicht glauben können, dass sie tot war. Sie lag in ihrem Kinderwagen wie immer und war schön angezogen. Es sah aus, als würde sie nur schlafen. Zur Beerdigung durften wir Geschwister nicht mit. Da waren nur die Eltern dabei, und mein Vater, der inzwischen in den Krieg hatte ziehen müssen, bekam extra Heimaturlaub. Wenig später, es war 1915, kam die Nachricht, dass er gefallen war. Diesen Tag vergesse ich nie, denn niemand wusste, was aus uns werden sollte. Meine Mutter stand nun allein da mit vier kleinen Kindern und mit wenig Geld, denn ihre kleine Rente reichte nicht zum Leben.

Zum Glück hatte sie ihre Eltern, die sie sehr unterstützt haben. Trotzdem musste sie arbeiten gehen, wenn sie uns etwas bieten wollte. Zu ihrem Glück fand sie eine Putzstelle in unserer Volksschule. Ja, meine Mutter hat viel gearbeitet, damit wir Kinder nicht hinter den Freunden zurückstehen mussten, deren Väter noch lebten. Wenn wir einen Schulausflug machten, gab sie uns immer etwas Geld für unterwegs, damit wir uns eine Limonade oder etwas Süßes kaufen konnten.

Weil die Mutter durch ihre Arbeit oft nicht zu Hause war, mussten meine Schwester und ich im Haushalt mithelfen, aber das war ein Vergnügen für uns. Liesel hat nämlich gern Geschirr gespült, und ich habe gerne geputzt. Jeden Tag habe ich eifrig die Küche sauber gemacht mit Ausnahme unter dem Küchentisch, denn der hatte ganz unten noch ein Ablagebrett, unter das man mit dem Schrubber schlecht drunterkam. Ich fand das nicht so tragisch und putzte einfach immer schön um den Tisch herum, und ich fand, dass alles blitzsauber war. Als dann einmal meine Mutter kam, zeigte ich ihr die Küche voller Stolz. Sie schaute rundherum, aber leider auch unter den Tisch. „Komm mal her, Hanni! Da drunter muss man auch putzen. Merk dir das! Die Ecken sind wichtig. Daran sieht man, dass jemand sauber ist.“ Das habe ich mir für mein Leben gemerkt.

Die Brüder brauchten im Haushalt nicht zu helfen, dafür waren früher nur die Mädchen da. Kochen mussten wir allerdings nicht, denn nach dem Krieg gingen wir eine Zeit lang in eine Suppenküche, die in unserer Schule eingerichtet worden war. Man nahm zu diesem Zweck eine Art Eimer mit Deckel mit, in den dann die Suppe gefüllt wurde. Sie war immer gut – mal gab es Bohnensuppe, mal Erbsensuppe, mal Linsensuppe oder Kartoffelsuppe, immer abwechselnd. Zu meinen Aufgaben gehörte auch das Einkaufen. Ich fand es schön, mit meinem Korb loszuziehen, in dem ich dann alles sorgfältig verstaute. Manchmal musste man Schlange stehen, besonders als die Lebensmittelkarten eingeführt wurden, denn es dauerte immer lange, bis der Kaufmann die richtigen Marken herausgesucht und ausgeschnitten hatte.

Die Ferien verbrachten wir immer bei den Großeltern, die einen Bauernhof in der Nähe von Bad Schwalbach hatten, mit allem Viehzeug, was so üblich war: Kühe, Schweine, Ziegen, Schafe, Hühner, Gänse und ein Pferd. Das wurde manchmal vor die Kutsche gespannt, und dann fuhr man nach Bad Schwalbach zum Einkaufen. Es gab ja noch keine Bahn- oder Busverbindung. Aber ich fand es immer himmlisch, in der Kutsche zu fahren! Der Hof der Großeltern stand auf einer Anhöhe direkt am Waldrand. Kaum trat man aus der Haustür, war man schon im Wald, der ein Paradies für uns war, denn damals konnten Kinder noch allein den Wald durchstreifen. Dort haben wir Verstecken gespielt oder Räuber und Gendarm, oder wir haben Beeren gesucht: Himbeeren, Heidelbeeren, Brombeeren. Zuerst stopften wir sie nur in den Mund, erst danach haben wir unsere Kannen gefüllt, damit die Großmutter Marmelade und Gelee kochen konnte.

Auch in den Stall sind wir gerne gegangen, haben beim Melken zugeschaut und die noch warme Milch getrunken. Einmal, es muss noch vor dem Krieg gewesen sein, waren wir bei den Großeltern, und weil es Sonntagmorgen war, trug ich mein schönes, neues weißes Kleid. Stolz wollte ich es der Großmutter vorführen, aber die war noch beim Melken. Also stürmte ich in den Stall und kam dabei den Kühen etwas zu nahe. Auf einmal machte es „Platsch", und mein weißes Kleid war braun gesprenkelt. Natürlich war mein Kummer groß, und ich habe schrecklich geheult, aber zum Glück ließen sich die unschönen Flecken restlos entfernen.

Auch als die Zeiten zunehmend schlechter wurden, fuhren wir oft aufs Land. Dort war immer eine große Familie am Tisch versammelt: die Großeltern, meine Mutter mit den vier Kindern und meine Tante Mina mit ihren drei Kindern. Die Großeltern bekamen keine Lebensmittelkarten, weil sie Selbstversorger waren. Meine Tante aber und meine Mutter legten ihre Karten zusammen, damit sie beim Metzger etwas Besonderes einkaufen konnten. Zwar haben die Großeltern selbst geschlachtet, sodass sie und damit auch wir Fleisch und Wurst fürs ganze Jahr hatten, aber es gab immer nur Blut- und Leberwürste. Zu gern hätten wir auch einmal echte Fleischwurst gegessen, und genau so eine erstanden meine Mutter und meine Tante beim Metzger. Als die Fleischwurst dann auf dem Tisch stand, wollte meine kleine Cousine Renate nicht teilen, doch ihre Mutter wies sie entschieden zurecht: „Was auf dem Tisch steht, ist für uns alle da. Da gibt's nicht Mein und Dein."

Eigentlich haben wir Kinder von der schlechten Zeit nicht viel mitbekommen. Unsere Familie hat, im Gegensatz zu anderen, dank der großelterlichen Landwirtschaft keine Not gelitten. Auch zu meiner Konfirmation hat die Großmutter Lebensmittel beigesteuert, damit es ein besseres Essen geben konnte als sonst. An meinem Kleid habe ich schon mitgearbeitet, genäht hat es eine Freundin meiner Schwester. Es war ein Zweiteiler, sodass ich später zu dem schwarzen Faltenrock verschiedene Blusen tragen konnte. In der Kirche saßen alle Konfirmanden vorne am Altar, auf der einen Seite die Buben, auf der anderen die Mädchen. Zu Hause gab es dann eine kleine Feier mit einem schönen Essen, und von meiner Patin Hanna, einer Schwester meiner Mutter, bekam ich ein silbernes Kettchen mit einem Anhänger. Das war fast das Schönste für mich, denn ich war ganz versessen auf Schmuck.

Weil meine Mutter mit uns in allen Ferien zu den Großeltern fuhr, wurde sie im Dorf oft gefragt: „Warum fährst du denn immer wieder mit den Kindern nach Mainz zurück? Du könntest doch gleich ganz hier bleiben. Bei deinen Eltern ist doch Platz genug."

Dann antwortete meine Mutter: „Was sollen die Kinder denn auf dem Land anfangen? Wenn sie aus der Schule entlassen werden, sollen sie dann mit den Bauern aufs Feld gehen? Nein, sie sollen etwas Richtiges lernen. Deshalb bleiben wir in der Stadt."

Meine Mutter ist also auch deshalb zum Putzen gegangen, um uns allen eine anständige Berufsausbildung zu ermöglichen. Meine Schwester ist Modistin geworden, hat aber so früh geheiratet, dass sie gar nicht dazu kam, ihren Beruf auszuüben. Heine ist zur Bahn gegangen, und der Willi ist Spengler und Installateur geworden wie unser Papa.

Als ich aus der Schule entlassen wurde, wollte ich unbedingt Schneiderin werden, aber 1922 war es unheimlich schwer, eine Lehrstelle zu bekommen. Auf einigen Umwegen habe ich es schließlich geschafft, eine Lehre samt abschließender Gesellenprüfung zu absolvieren. Später bekam ich dann die Gelegenheit, in einer großen Mainzer Firma zu arbeiten, die Herrenkonfektion herstellte und besser bezahlte als normale Schneiderateliers. Anfangs nähte ich noch die kompletten Kleidungsstücke, bis dann das Fließband eingeführt wurde und jede Näherin immer nur die gleichen Handgriffe machte.

Neun Jahre war ich bei dieser Firma. Dann musste ich gehen. Es hieß, es dürfe keine Doppelverdiener geben. Inzwischen hatte ich nämlich geheiratet, und mein Mann verdiente gut als Lokführer. Ich hatte ihn, wie sich das in Mainz gehört, auf einem Maskenball in der Stadthalle kennengelernt, wo ich, seit ich alt genug war, gerne zum Tanzen hinging. Dort entdeckte ich meinen Mann – er saß ganz allein auf der Empore, und ich dachte mir, diesen braven Burschen da oben, den könntest du zum Tanzen auffordern. Von der Zeit an sind wir immer zusammengeblieben und haben sechs Jahre später geheiratet. Weil meine Schwiegermutter aber anfangs entschieden gegen unsere Heirat war – sie war eine fromme Katholikin und ich evangelisch –, haben wir uns heimlich trauen lassen.

Jahre später hat meine Schwiegermutter eingesehen, wie falsch ihr Verhalten war, und sie hat zugegeben: „Ach, was hätte ich für einen großen Fehler gemacht, wenn ich euch beide auseinandergebracht hätte." Diese Worte haben mich sehr gefreut.

Bergbauernkind

Kathl, Jahrgang 1929, aus Unken/Salzburger Land, Österreich

Wir lebten auf einem Bergbauernhof, der schon seit Generationen in der Familie war. Insgesamt waren wir neun Geschwister. Bei meiner Geburt hatte ich bereits drei ältere Brüder, den Adi, den Seppi und den Franzl, im Jahr darauf folgte der Anderl, und nach ein paar Jahren Pause kamen noch drei Schwestern und ein weiterer Bruder bei uns an. Da war ich schon alt genug, um mich um die Kleinen zu kümmern. Eines davon trug ich immer auf dem Arm herum. Zwar habe ich meine Geschwister sehr gemocht, aber manchmal war es mir doch recht lästig, denn ich hatte auch noch Aufgaben im Haushalt zu erledigen, und zum Spielen war für mich praktisch gar keine Zeit.

Als ich in die Schule kam, konnte ich nicht so lange still sitzen, wie das von uns verlangt wurde. Weil ich immer in Bewegung war, hat mir die Lehrerin die Hände auf dem Rücken zusammengebunden. Trotzdem habe ich sie gern gehabt, denn sie war sehr mütterlich und hat uns viel beigebracht. Vor etwa zehn Jahren habe ich sie zum letzten Mal gesehen. Da war sie schon weit über achtzig, und als ich ihr das von den Händen erzählt habe, hat sie sich fürchterlich geschämt. „Habe ich das wirklich gemacht?", fragte sie ein ums andere Mal.

Bevor wir Kinder im Winter in die Schule gehen konnten, musste oft erst der Schneepflug fahren, sonst wären wir nicht durchgekommen. Das war damals übrigens schon ein richtiger Lastwagen. Noch ein paar Jahre zuvor sah das ganz anders aus. Ich erinnere mich deutlich, wie eines Morgens einer meiner Brüder schrie: „Jetzt kommt der Schneepflug!", und wir alle aus dem Haus gelaufen sind.

Da war wirklich ein riesiger Schneepflug, aber mit zehn Pferden davor. Die Rösser mussten zuerst durch den Tiefschnee stapfen und den Schnee hinter sich wegpflügen, während die Lastwagen später den Schnee vor sich wegschoben und dann freie Bahn hatten.

Unser Schulweg war etwa vier Kilometer lang. Den mussten wir bei jedem Wetter gehen, egal, ob es regnete oder stürmte. Manche Kinder haben oft nach dem halben Weg schon angefangen zu weinen, und ich war da keine Ausnahme.

Wir waren ja auch nicht entsprechend angezogen. Anoraks gab es noch keine, und vor allem keine Hosen für Mädchen. Über unserem Kleid trugen wir eine Strickweste mit langen Ärmeln und darüber einen Umhang aus grünem Loden. Wir hatten gestrickte Handschuhe und gestrickte Strümpfe, die aber nur knapp übers Knie hinaufreichten. Bis zum Bein der Unterhose war also nichts als nackte Haut. Unsere Schuhe waren zwar richtig derbe, vom Schuster gemachte Lederschuhe, aber sie waren nicht gefüttert und ließen die Kälte durch. Einmal bin ich so durchnässt in der Schule angekommen, dass sich die Frau des Direktors erbarmt und mir eines von ihren Kleidern gegeben hat, während meine Sachen zum Trocknen am Ofen hingen, der mitten im Klassenraum stand.

Wenn man so durchgefroren in der Schule ankam, hat man die ersten Stunden fast nichts lernen können. Es war, als ob das Gehirn auch eingefroren war. Dabei hatten meine Geschwister und ich es eigentlich noch gut. Es gab nämlich Kinder von noch weiter entfernten Höfen, die zweieinhalb Stunden Schulweg hatten. Im Winter sind sie in der Nacht losmarschiert und in der Nacht wieder heimgekommen, denn am Nachmittag war auch Unterricht. Auf dem Hinweg konnten sie bei gutem Schnee mit dem Schlitten fahren, mussten ihn dann aber zurück den ganzen Berg hinaufziehen. Lag der Schnee zu hoch, sind diese Kinder bei Verwandten im Dorf geblieben, bis sich das Wetter wieder beruhigt hatte.

Zum Mittagessen bin ich immer zu meiner Taufpatin gegangen, meine Brüder und Schwestern natürlich auch, und so war es immer ein ganzes Rudel, das da einfiel. Sie hat uns alle Tage eine Suppe gekocht, und dazu gab es ein Stück Brot.

An den Sonntagen sind die Kinder von den anderen Höfen in der Umgebung meist zu uns gekommen, und wir haben immer in einer großen Gruppe gespielt. Unter der Woche haben sie uns jeden Tag in der Früh abgeholt, und die ganze Schar ist gemeinsam zur Schule gegangen – dann war der Weg nicht so langweilig.

Ab Mai lief man natürlich barfüßig und war froh, das schwere Schuhzeug mal weglassen zu können. Außerdem mussten die Schuhe für den Winter geschont werden, und wenn man selbst nicht mehr hineinpasste, wartete schon der Nächste in der Geschwisterreihe, egal ob Bub oder Mädchen. Nur der Älteste bekam immer neue Schuhe. Trotz allen Schonens hielten die Schuhe meist nur zwei bis drei Kinder aus, dann halfen selbst neue Sohlen nichts mehr. Auf diese Weise kam auch ich einmal zu neuen Schuhen, aber die waren genauso klobig wie die alten, denn schöne, zierliche Mädchenschuhe gab es damals nicht, zumindest nicht auf dem Land. Die wären auch unpraktisch gewesen bei den holprigen Wegen, dem vielen Regen und dem tiefen Schnee.

Die Kleidung wurde natürlich auch von einem zum andern vererbt – alles wurde aufgetragen, nichts weggegeben, das noch einigermaßen in Ordnung war. Gelegentlich bekamen wir auch abgelegte Sachen von Nachbarn und Verwandten. Wir Mädchen trugen eigentlich immer Dirndlkleider mit einer Schürze darüber. Pullover gab es nur für die Buben, und wir Mädchen mussten sie stricken. Stricken habe ich in der zweiten Klasse gelernt, aber zunächst ging es mir nicht besonders von der Hand, bis mich meine Mutter unentwegt üben ließ. Sie konnte gleichzeitig stricken und lesen. Abends, wenn alle im Bett waren, las sie gerne, aber weil sie das eigentlich für Zeitverschwendung hielt, hat sie nebenbei gestrickt.

Unser Spielzeug war bescheiden. Unsere Puppen hatten Köpfe aus Pappdeckel und waren immer gleich kaputt. Die Arme, Beine und Körper waren aus Stoff genäht und mit Lumpen gefüllt, aber das war meist ein Geschenk unserer Paten, die Mutter hatte keine Zeit für so etwas.

Eine richtige, schöne Puppe, wie man sie in der Stadt kaufen konnte, haben wir nie gehabt. Wir wussten nicht einmal, dass es so etwas gibt, und haben es deshalb auch nicht vermisst.

Trotzdem waren wir an Weihnachten voller Erwartungen. Ich erinnere mich gut an ein Jahr, als ich noch nicht zur Schule ging. Wir Kinder saßen um den Küchentisch herum und warteten aufs Christkind. Wir nahmen an, dass die Mutter im Stall war und der Vater beim Holzhacken. Es war furchtbar spannend, und wir waren schon ganz nervös. Auf einmal rief einer von den großen Buben: „Passt auf, jetzt erschießt der Vater das Christkindl!"

Ein anderer deutete nach draußen und stimmte in das Schauermärchen ein: „Ja, da schaut her, da fliegt das Christkindl. Jetzt erschießt der Vater es."

In dem Moment hörte man wirklich so etwas wie einen Schuss, doch es war nur ein Holzscheit, das im Hausgang zu Boden gefallen war. Wir Kleinen aber klammerten uns aneinander, weinten und jammerten: „Jetzt hat der Vater das Christkindl erschossen."

Mittendrin rief es aber vom Gang her: „Ja mei, Kinder, jetzt ist es doch da!"

Wir rissen die Tür auf und sahen den Vater

lachend auf dem Gang stehen und auf die offene Stube deuten: „Ja, geht rein, Kinder. Das Christkindl ist gekommen."

In der Wohnstube stand dann der große Baum mit Kugeln und Kerzen. „Da ist ja eine neue Kugel!", rief einer. „Und die da ist auch neu", schrie ein anderer. Tatsächlich gab es in jedem Jahr ein, zwei Kugeln, die es im Vorjahr noch nicht gegeben hatte.

Anschließend stürzten wir uns voller Begeisterung auf die Weihnachtskekse, die unsere Mutter meist heimlich backte, und wir entdeckten immer wieder Sorten, die wir noch nicht kannten. Eine Krippe gab es auch, vom Vater und von den Buben selbst gebaut aus Rinden, Holz und Stroh. An Geschenken gab es nicht viel – manchmal eine der bescheidenen Stoffpuppen, meist aber nur ein Paar Socken, Strümpfe oder Unterwäsche. Einmal, als ich schon in die dritte Klasse ging, habe ich etwas ganz Besonderes bekommen: einen Handarbeitskoffer mit einer kleinen Puppe drin und ein paar Kleidungsstücken, die man besticken konnte. Damals hab ich mich wie verrückt gefreut!

An ein anderes Erlebnis, das ich mit vier oder fünf Jahren hatte, erinnere ich mich ebenfalls ganz deutlich. Mein Großvater war allein mit mir in der Stube, und wir saßen auf dem Sofa, das mit einem roten, kratzigen Wollstoff bezogen war, weshalb immer eine Decke daraufiag. Wie so oft erzählte der Opa mir eine Geschichte, als plötzlich die Tür aufgerissen wurde und ein Mann mit schwarzem Gesicht hereinstürmte. Er trug eine schwarze Wollmütze und eine grüne Jacke, die mir bekannt vorkam. Über der Schulter hing leblos ein Tier, das alle Viere von sich streckte. „Schnell", keuchte der Mann, „steht auf!"

An der Stimme erkannte ich, dass es mein Vater war. Der Großvater reagierte sofort. Er stand auf, riss mich vom Sofa hoch und klappte die Sitzfläche auf, sodass mein Vater das tote Tier hineinwerfen konnte. „Setzt euch sofort drauf und tut, als ob nichts gewesen wäre", befahl er uns. Schweigend gehorchten wir. Mir flüsterte der Vater noch eindringlich zu: „Kathl, sei ein braves Kind. Rühr dich nicht vom Fleck und sag kein Wort. So kannst du deinem Vater helfen."

Kaum war er in die Küche entschwunden, wurde die Stubentür abermals aufgerissen. Herein drängten zwei uniformierte Männer. Sie schauten argwöhnisch nach allen Seiten. „Wo ist dein Bub?", richteten sie das Wort an den Großvater.

„Was weiß ich?", zuckte der die Schultern.

„Wenn er nicht im Stall ist, wird er beim Holzaufschichten sein."

Offensichtlich aber waren die Uniformierten gar nicht so sehr am Vater interessiert, sondern vielmehr an dem, was er versteckt hatte. Sie gingen nämlich nicht nachschauen, ob er beim Holzmachen war oder im Stall. Sie untersuchten jede Ecke der Stube, schauten in den Schrank, in die Truhe und klopften die Bretter der Wände ab. Erst später kam ich dahinter, dass sie dort nach Hohlräumen gesucht hatten. Während der ganzen Zeit saß ich unbeweglich wie eine Puppe neben dem Großvater auf dem Sofa und verfolgte schweigend und mit großen Augen das Geschehen.

Anschließend durchsuchten sie noch die Küche und die Schlafkammern und gingen hinters Haus, wo sie meinen Vater beim Holzaufschichten antrafen. Wenig später kam er herein und ließ sich aufatmend auf einen Stuhl fallen. „Sie sind weg", keuchte er. „Aber sie haben gesagt: ‚Diesmal bist du uns noch ausgekommen. Aber wart nur, irgendwann erwischen wir dich schon noch.'" Dem Großvater dankte er, und mich lobte er: „Bist ein braves Mädchen, hast dem Vater sehr geholfen." Ich war unendlich stolz über dieses Lob und bewunderte den Vater für seinen

Mut und seine Schlauheit. Ich begriff noch nicht, in welch großer Gefahr er wirklich geschwebt hatte. Am späten Abend zerlegte er mithilfe seines Vaters die Gams waidgerecht. Aber da lag ich schon im Bett.

Das Wildern gehörte damals zum alltäglichen Leben. Wir Kinder wuchsen damit auf. Wir hatten das Empfinden, dass es eine Art Notwehr war im Kampf ums Überleben. Nicht eines von uns wäre auf die Idee gekommen, dass da etwas Unrechtes geschah, und von klein auf wussten wir, dass wir nichts ausplaudern durften. Überhaupt schwieg man sich darüber aus. Erst Jahrzehnte später, als die Wilderei in unserer Gegend längst ausgestorben war, wurde sie in geselliger Runde zum Thema. Jeder staunte, dass die anderen auch ihre Erlebnisse gehabt hatten. Bis dahin war man der Meinung gewesen, so etwas sei nur in der eigenen Familie vorgekommen.

Unsere Eltern hatten weder die Zeit noch das Geld, mit uns irgendwo hinzugehen. Einmal aber, ich war noch nicht zehn, beschloss meine Mutter, mit mir und dem Anderl ihre Schwester in Bad Reichenhall zu besuchen. Da wir kein Geld für das Postauto hatten, gingen wir zu Fuß. Zwischendurch haben wir uns ein paar

Mal neben der Straße hingesetzt und von dem mitgenommenen Brot mit Butter gegessen. Als wir an einer Metzgerei vorbeikamen, bettelten wir, ob wir uns nicht ein bisschen Wurst kaufen dürften. Die Mutter suchte ein paar Groschen zusammen und sagte zu mir: „Gehst halt hinein und fragst, ob du dafür Wurst kriegst." Das tat ich auch. „Nein, mit dem bisschen Geld kriegst keine Wurst", fertigte mich die Verkäuferin ab, und ich verließ enttäuscht den Laden.

Schon lange bevor wir am Ziel waren, zogen wir die Schuhe aus, weil uns die Füße so wehtaten. Bis Bad Reichenhall waren es immerhin sechzehn Kilometer. Endlich standen wir vor der gesuchten Tür, aber völlig fremde Leute öffneten und erklärten uns, dass die Schwester der Mutter nicht mehr da wohne.

„Ja, um Gottes willen!", rief die Mutter enttäuscht. „Wo ist sie denn hingezogen?"

„Nach Bayerisch Gmain." Zum Glück konnten sie uns die neue Adresse nennen, und nach einer weiteren halben Stunde kamen wir glücklich bei unserer Tante an. Am nächsten Tag schon machten wir uns auf den langen Rückweg, und von da an hatte ich die Nase voll von Ausflügen und fand es schöner, daheim zu bleiben.

Geschmuggelt haben wir auch. Eine Schwester meines Vaters lebte gleich hinter der Grenze in Deutschland, und bei ihr und ihrer großen Familie ging es sehr kärglich zu, denn sie hatten nicht einmal Landwirtschaft. Jedes Mal hat uns die Mutter etwas für sie mitgegeben, wenn wir sie besucht haben. In unsere Umhänge waren Geheimtaschen genäht, in die man ein Stück Butter, Speck oder Brot steckte.

Wenn uns an der Grenze der Zollbeamte fragte: „Na, habt's was dabei?", dann schlugen wir mit Unschuldsmienen unsere weiten Umhänge auseinander und ließen uns sogar abtasten. „Schaut's, dass ihr weiterkommt", hieß es schließlich, und das taten wir dann auch.

Krankheiten waren früher oft sehr schlimm und heilten kaum aus. Mit sieben, acht Jahren hatte ich etwas am Herzen, eine Herzmuskelentzündung vermutete man später, und konnte eine Zeit lang nicht in die Schule gehen. Auch anschließend sollte ich mich nicht anstrengen, und einmal, als ich doch mit den andern Kindern herumrannte, fuhr der Herr Doktor an uns vorbei. Er hielt sofort an und schimpfte: „Aber Kathl, du darfst doch nicht rennen. Du könntest umfallen und tot sein." Ein paar Jahre später musste ich wegen einer Mittelohrentzündung und anschließendem

Gelenkrheumatismus monatelang zu Hause bleiben. Es war so schlimm, dass ich nicht mehr gehen konnte. Der Arzt selbst trug mich von der einen Kammer in eine andere. In der Zwischenzeit versäumte ich recht viel in der Schule, und der Lehrer zeigte dafür überhaupt kein Verständnis, sondern hat mich richtiggehend schikaniert. Daher begann ich, mich vor ihm zu fürchten und habe mich immer mehr zurückgezogen. Im letzten Schuljahr erst wurde es dann besser. Da hatte ich meine Krankheit und ihre Folgen endgültig überwunden und habe mich nicht mehr vor dem Lehrer gefürchtet. Nach meiner Schulentlassung wäre ich gerne Schneiderin geworden, denn ich hatte schon immer fasziniert meiner Mutter zugeschaut, wenn sie Hemden und Schürzen nähte, aber sie lehnte meine Bitte rundweg ab. „Wir haben genug Arbeit im Stall."

So musste ich weiterhin meine Stallarbeit machen, aber das war damals eben so, und auch meinen Geschwistern erging es nicht anders. Irgendwann kam dann die Zeit, in der ich gerne zum Tanzen gegangen wäre, aber das gab es bei uns nicht – wir durften nicht fortgehen. Allerdings konnten wir uns mit den vielen Freunden aus den umliegenden Höfen auf unserem großen Heuboden treffen, und dort lernten wir zu den

Klängen eines alten, ererbten Grammophons tanzen. Jeden Sonntagnachmittag im Winter trafen wir uns dort und freuten uns schon die ganze Woche auf dieses Ereignis.

1944 ging ich zum ersten Mal auf die Alm, da war ich gerade fünfzehn. Die erste Woche hatte mir mein Bruder Anderl noch Gesellschaft geleistet, der schon früher hier oben war und mir alles zeigen konnte. Dann aber musste er heim, um auf dem Feld zu helfen, denn die älteren Brüder waren im Krieg. Ich aber musste sehen, wie ich allein zurechtkam mit den Arbeiten, die es auf der Alm zu tun gab: Melken, die Milch durch die Zentrifuge geben, Butter rühren, Käse machen, Kälber füttern.

Meist war ich den ganzen Tag allein. Ein Stück weiter unten, etwa zehn Minuten Fußmarsch entfernt, gab es eine andere Alm, auf der eine ältere Frau als Sennerin lebte. Zu der bin ich gerne gegangen und öfter über Nacht geblieben. Die Kühe waren in der Nacht ohnehin draußen und kamen in der Früh zum Melken von alleine heim. So um halb sechs herum musste ich wieder zurück sein, um die etwa acht Kühe und vier, fünf Kälber zu versorgen. Wenn sie bis sieben Uhr nicht da waren, musste ich die Tiere suchen gehen. Wenn es dann noch regnete, war ich immer nass bis auf die Haut, doch zum Glück habe ich die Kühe immer alle wiedergefunden.

Wir hatten zwei Almen, auf denen ich abwechselnd arbeiten musste. Je nachdem blieb ich zwei bis vier Wochen auf einer Alm. Von der Alm im Heutal waren es drei Stunden bis nach Hause, von der Schwarzbergalm ging man vier Stunden. Alle vier Tage musste ich die Butter nach unten bringen, damit sie nicht verdarb. Wenn ich die Butter unten abgeliefert hatte, nahm ich immer etwas zu essen mit hinauf: Kartoffeln, Zucker, Brot, ein paar Eier, ein bisschen Speck. Fleisch hat man den ganzen Sommer keines zu sehen bekommen.

Fünf Sommer habe ich auf unseren Almen verbracht und einen zwischendurch auf einer Alm von unseren Nachbarn. In diesem Sommer vertrat meine Schwester Traudi mich auf der Schwarzbergalm. Es ging schon auf den Herbst zu, und sieben Sennerinnen hockten wie immer an den Sonntagen gemeinsam in einer Hütte und schwatzten miteinander. Meine Schwester saß strickend am Fenster, als es heftig zu regnen begann und ein Gewitter aufzog. Mit einem Mal krachte es fürchterlich. „Was war das?" Erschrocken schauten sich alle an. Da sahen sie, wie die Traudi langsam vom Stuhl sank und wie um ihre Taille herum alles brannte. Die anderen rissen ihr die brennenden Sachen vom Leib, doch jede Hilfe kam zu spät. Ein Blitz hatte meine Schwester erschlagen. Hernach hieß es zunächst, die eisernen Stricknadeln hätten den Blitz angezogen, aber vermutlich war es einfach so, dass die Traudi genau an der Stelle gesessen hatte, wo der Blitz ins Haus eingedrungen war.

In diesem Sommer, in dem meine Schwester starb, erwischte mich die Liebe.

Als ich die Alm der Nachbarn bewirtschaftete, kam öfters der Sohn, um mir Lebensmittel zu bringen und die Butter mit ins Tal zu nehmen. So sind wir uns nähergekommen, denn gekannt haben wir uns natürlich schon, auch wenn er vierzehn Jahre älter war als ich. Eines Tages hat es dann richtig gefunkt, und er fragte mich, ob ich seine Bäuerin werden wollte. Ich sagte Ja und zog nach meiner Heirat auf einen Hof, auf dem es nicht nur haufenweise Arbeit, sondern auch eine Schwiegermutter gab, die mir das Leben ganz schön schwer machte. Aber nicht nur die, denn die Schwiegermutter der Schwiegermutter lebte auch noch. Das war wirklich kein Zuckerschlecken für eine junge Frau, und oft habe ich gedacht, dass ich das alles nur ausgehalten habe, weil ich als Kind durch eine so harte Schule gegangen bin.

Der Vogelhändler

Lioba, Jahrgang 1921, aus Frankfurt am Main

Zwei Dinge waren es, die entscheidenden Einfluss auf meine Kindheit gehabt haben. Das eine war der Beruf meines Vaters, das andere war sein Hobby. Durch seinen Beruf waren wir immer wieder gezwungen, innerhalb Frankfurts unseren Wohnsitz zu wechseln. Durch sein Hobby kamen Aufregung und Farbe in unser Leben.

Zum Zeitpunkt meiner Geburt wohnten wir in der Pfarrgasse in einem schmalen, alten Haus, das gewissermaßen aus sechs Etagen bestand. In jedem Stockwerk befand sich aber nur ein Zimmer. Im Parterre hatte mein Vater seine Schusterwerkstatt eingerichtet. Im ersten Stock befand sich die Wohnküche nebst Abstellkammer. In der Etage darüber war das Wohnzimmer, das aber nur an besonderen Festtagen benutzt wurde. In den Stockwerken darüber lagen das Elternschlafzimmer und das Kinderzimmer. Direkt unter dem Dach wohnte bei unserem Einzug noch ein junges Ehepaar, doch nach dessen Auszug wurde das Dachgeschoss zu einem

Spielparadies für mich und meinen zweieinhalb Jahre älteren Bruder. Meine Eltern richteten den Raum so her, dass wir darin nach Herzenslust toben konnten. Sie legten einen Teppich hinein und stellten allerlei Holzspielzeug hinein – für meinen Bruder eine Eisenbahn und ein Schaukelpferd, für mich einen Kaufladen und eine Puppenküche. Sogar eine Schaukel hing im Türrahmen, denn es gab ja damals noch keine Kinderspielplätze in den Städten.

Außerdem diente dieses Zimmer in gewisser Weise als Vorratskammer. Mein Vater stammte vom Land, und seine Verwandten schickten uns immer Wurst und Schinken, wenn sie geschlachtet hatten. Und diese Köstlichkeiten wurden, unerreichbar für Mäuse, in unserem Spielzimmer an einer Stange unter die Decke gehängt. Als wir schon größer waren, machten wir uns einen Sport daraus, sie beim Schaukeln mit den Füßen zu erreichen. Wir schaukelten immer wilder und streckten die Beine, so weit es ging. So erreichte mein Bruder tatsächlich einmal mit einem Fuß eine Wurst und riss sie zur Hälfte herunter. Weil uns dieser restliche Zipfel verraten hätte, angelte er auch danach, und so konnte jeder von uns eine halbe Wurst verdrücken. „Ich weiß nicht, ich weiß nicht“, lamentierte meine Mutter später. „Ich meine, es wären neun Würste gewesen. Aber jetzt sind es nur noch acht."

Wir haben aber nichts verraten, denn bei solchen Sachen haben wir immer zusammengehalten wie Pech und Schwefel, auch wenn mein Bruder zu Freunden wollte – meine Mutter verlangte immer, dass er mich mitnehmen und auf mich aufpassen sollte, was ihm natürlich gar nicht passte. Deshalb knuffte er mich schon auf der Treppe mit der Warnung: „Wehe, wenn du irgendetwas verrätst! Dann nehme ich dich nie mehr mit."

Dadurch bin ich ein halber Bub geworden. Ich machte alle Spiele der Freunde mit und wurde von ihnen auch voll anerkannt. Unsere Lieblingsbeschäftigung war, durch die Keller zu laufen. Wir hatten nämlich entdeckt, dass die Häuser alle miteinander verbunden waren. Wenn man bei einem Haus in den Keller stieg, konnte man laufen und laufen und kam ganz woanders wieder ans Tageslicht. Dort unten haben wir mit Vorliebe Verstecken gespielt. Derjenige, der suchen musste, hatte kaum eine Chance. Der konnte rufen und rufen, das hörte keiner mehr, denn die anderen waren längst über alle Berge.

In der Neujahrsnacht erlaubten die Buben sich immer einen besonderen Spaß. In Frankfurt gab es damals schon Mülltonnen. In Ermangelung von Feuerwerkskörpern gaben die Buben Karbid in die Tonnen und gossen Wasser dazu. Kurz danach knallte es, und die Deckel der Tonnen flogen in der Gegend herum. Woher das Karbid kam, weiß ich nicht. Jedenfalls nicht aus Karbidlampen, denn die waren längst durch Gaslampen ersetzt worden. In jeder Wohnung gab es einen Gaszähler, in den man einen Groschen, etwa fünf Cent, einwarf, und dann strömte das Gas. Die Menge reichte aus, dass man kochen und die Wohnung spärlich beleuchten konnte. Man musste also immer Groschen bereithalten, sonst blieb die Küche kalt, und man saß abends im Dunkeln. Für solche und andere Notfälle hielten meine Eltern in jedem Stockwerk eine Petroleumlampe bereit.

In den Straßen standen ebenfalls Gaslaternen, und bei Einbruch der Dunkelheit wanderte der Laternenanzünder von einer zur anderen. Er hatte einen langen Stab mit einem Häkchen dran, und mit diesem zog er an dem kleinen Ring, der aus jeder Laterne baumelte. Und schon ging das Licht an. Morgens ging er erneut durch die Straßen und löschte jede Laterne einzeln.

Mein Bruder und ich haben damals schon einen Kindergarten besucht, bevor wir eingeschult wurden. Während mein Bruder die ganze Zeit auf der Volksschule blieb, um danach ein Handwerk zu erlernen, gab in meinem Fall der Lehrer die Empfehlung, mich auf die Mittelschule zu schicken. Weil diese Schule aber Geld kostete, das meine Eltern nicht aufbringen konnten, stellte der Lehrer ihnen in Aussicht, ich könnte aufgrund meines Notendurchschnitts eine Freistelle bekommen. So kam ich dann tatsächlich zu den Ursulinen-Schwestern – aber nicht lange. Die Bedingung für die Freistelle lautete nämlich, dass man im ersten halben Jahr keine Drei haben durfte, aber genau die bekam ich in Französisch und musste zurück zur Volksschule, obwohl ich in allen anderen Fächern Einser und Zweier hatte. Man könnte sagen, das war damals schon so etwas wie ein Numerus clausus.

Das Zurückkehren in die Volksschule war bitter, sehr bitter. Nicht nur für mich, auch für andere, denen es ähnlich ergangen war. Das lag jedoch nicht an den Mitschülern, denn die nahmen das ganz gelassen und haben uns weder gehänselt noch ausgelacht. Die Person, die uns das Leben schwer machte, war die Lehrerin. Sie schien es uns persönlich übel zu nehmen, dass wir in ihre Klasse kamen. Sie behandelte uns wie Stiefkinder und erinnerte uns beständig an unsere unzureichenden Noten auf der Höheren Schule: „Meine Stammklasse ist gut, aber ihr versaut mir hier den Notendurchschnitt.“ Es war eine ganz unmögliche Haltung für eine Lehrerin, die sich als Pädagogin verstand, aber damals hat sich niemand dagegen gewehrt. Alle haben nur stumm vor sich hin gelitten, und selbst die Eltern hätten es nicht gewagt, den Mund aufzumachen. Heutzutage sieht das gottlob anders aus.

In meiner Freizeit habe ich mich gerne in der Schusterwerkstatt herumgedrückt. Ich spielte mit Leisten und Lederfetzen, und ich liebte den Geruch von Leim und Leder. Außerdem herrschte dort ein beständiges Kommen und Gehen, das mich faszinierte. Die einen Kunden brachten Schuhe, die anderen holten sie ab. Meist nahm meine Mutter die Schuhe an und gab sie wieder heraus, später dann durfte ich das machen und ich habe diese Aufgabe mit viel Freude übernommen. Es kam auch häufig vor, dass ich bei Kunden Schuhe abholen oder hinbringen musste. Das waren meist feine Leute, die sich zu vornehm vorkamen, um selbst in eine Schusterwerkstatt zu gehen. Zunächst hatte ich meine Mutter begleitet, konnte aber bald selbstständig diese Botengänge machen. Ich liebte es besonders, die reparierten Schuhe auszutragen, denn da gab es schon mal zwei Pfennig Trinkgeld. Wenn jemand besonders großzügig war, sprang bisweilen ein Fünfer heraus. Dann fühlte ich mich wie ein König. Eine weitere Möglichkeit, an Geld zu kommen, bestand darin, für die Nachbarinnen einzukaufen. Dafür gab es in der Regel ebenfalls zwei Pfennig, manchmal aber auch nur zwei Bonbons.

In unserem schmalen Häuschen gab es nur eine Toilette und kein Bad. Samstags wurde deshalb die Zinkwanne aus der Abstellkammer geholt und in die Küche gestellt, und einer nach dem anderen stieg hinein. Als ich zehn war, zogen wir in eine Wohnung am Domplatz, hier mussten wir uns die Toilette sogar mit einer anderen Familie teilen. Gebadet wurde nach wie vor in der Zinkwanne, nur dass die jetzt in einem kleinen, fensterlosen Kämmerchen stand. Es war selbstverständlich, dass es nicht für jeden frisches Wasser gab. Wir hatten das Glück, dass wir nur zwei Geschwister waren – in anderen Familien mussten manchmal fünf und mehr Kinder in dasselbe Wasser steigen.

Eine spätere Wohnung lag am Löwenplätzchen, in dessen Mitte sich ein Brunnen befand, auf dem im Winter ein Mann Maroni röstete und verkaufte. Wenn er abends zusammenräumte und noch Maroni übrig hatte, schenkte er uns Kindern bisweilen eine. Manchmal hatte aber auch einer von uns einen Groschen und konnte ihm eine Tüte Maroni abkaufen, die man sich dann teilte. Die Leute hatten damals alle kein Geld, deshalb war man schon mit wenig zufrieden. Noch später zogen wir nach Frankfurt-Sachsenhausen an den Affentorplatz, wo mein Vater zunächst bei einem Meister als Angestellter arbeitete. Als dieser nach einem Jahr in Pension gehen wollte, machte er meinem Vater das Angebot, das Geschäft zu übernehmen, und zwar zu äußerst günstigen Konditionen.

Mit beiden Händen griff der Vater zu, denn er hatte sich schon länger wieder selbstständig machen wollen. Im Laufe seines Lebens hatte mein Vater drei eigene Geschäfte. Dass er sie immer wieder hatte aufgeben müssen, lag nicht daran, dass er zu wenig Arbeit gehabt hätte. Nein, Arbeit hatte er genug, nur wurden die reparierten Schuhe häufig monatelang nicht abgeholt und lagen in den Regalen herum. Die Leute hatten ihre Schuhe in dem guten Glauben gebracht, die Reparatur auch bezahlen zu können, aber oft änderte sich damals die finanzielle Situation schlagartig, und es war einfach kein Geld übrig, um die Schuhe abzuholen. Mein Vater hatte aber nicht nur seine Arbeitszeit investiert, sondern musste auch das Material kaufen, und so war in schlechten Zeiten nicht genug übrig geblieben. Mein Vater hatte sich gezwungen gesehen, das Geschäft aufzugeben und wieder als Angestellter zu arbeiten.

Als wir am Affentorplatz wohnten, habe ich mich gefragt, wie der Platz zu dem eigenartigen Namen gekommen sein mochte. In der Schule habe ich dann erfahren, dass hier in römischer Zeit ein Tor gestanden hatte, das „Ave-Tor" hieß, was so viel bedeutete wie „Begrüßungstor". Die Frankfurter sprachen in ihrem Dialekt das Wort „Ave" aber so schnell aus, dass es sich wie „Affe" anhörte. Heute ziert ein Brunnen, auf dem steinerne Affen herumturnen, diesen Platz. Ebenso schön fand ich die Legenden, die sich um die Ortsnamen Frankfurt und Sachsenhausen rankten. Es wurde uns erzählt, Karl der Große sei mit seinen Franken an dieser Stelle von den Sachsen in die Flucht geschlagen worden. Ihre Lage schien aussichtslos – vor ihnen lag der Main und hinter ihnen stand der Feind. Da sei dem Kaiser im Traum eine Hirschkuh erschienen, die durch den Main ging und den Franken eine Furt zur Durchquerung des Flusses wies. Das war ihre Rettung. Aus der Furt, welche die Franken benutzt hatten, entstand der Name Frankfurt. Und den Stadtteil, in dem die Sachsen hausten, nannte man kurzerhand Sachsenhausen.

Aber zurück zu meinem Vater. Er stammte aus einem Dorf und wäre lieber als alles andere Landwirt geworden. Aber das war ihm nicht vergönnt, denn er hatte einen älteren Bruder, der den Hof bekam. Deshalb war mein Vater gezwungen, ein Handwerk zu erlernen. Da er jedoch für keines eine besondere Neigung verspürte, war es ihm egal, was er lernte. Als dann beim Schuhmacher im Nachbardorf gerade eine Lehrstelle frei wurde, griff er zu. So ist er Schuster geworden. Die Liebe zu Tieren ist ihm aber zeitlebens erhalten geblieben. Soweit man in einer Großstadt einer solchen Leidenschaft nachgehen konnte, tat er das. Zunächst versuchte er es mit Hundezucht, was sich allerdings als ein bisschen schwierig erwies, da den Tieren der nötige Auslauf fehlte und die Nachbarn sich über das Gekläff beschwerten. Zudem fürchtete meine Mutter um die Gesundheit ihrer Kinder, weil mein Bruder und ich im Krabbelalter mit den jungen Hunden aus einer Schüssel aßen.

Es wurde ihm also von allen Seiten so lange zugesetzt, bis er die Zucht der Airedales wieder aufgab. Von da an überlegte er ständig, welche Tiere sich in einer Stadtwohnung problemloser züchten ließen. Da kam ihm ein Zufall zu Hilfe. In der Nähe unserer damaligen Wohnung gab es einen Basar, auf dem man allen möglichen Krimskrams kaufen konnte, und für jeden Kauf gab es ein Los. Auf ein solches Los nun gewann mein Vater einen Kanarienvogel, den Käfig dazu musste er jedoch kaufen. Stolz trug er seinen Gewinn nach Hause. Aber so ein Vögelchen konnte man doch nicht allein lassen! Das musste sich ja einsam fühlen! Also ging mein Vater wieder auf den Basar und kaufte einen Vogel dazu. Ob Absicht oder Zufall, jedenfalls war es ein Pärchen, das er da zusammengebracht hatte, und so blieb es nicht aus, dass wir bald munteren Kanariennachwuchs hatten. Mein Vater war selig. Umgehend trat er dem Kanarienzüchterverein bei, dessen Vorsitzender er nach kurzer Zeit wurde. Das spornte ihn an, sich nicht nur praktisch mit seinen Lieblingen zu beschäftigen, sondern sich auf jede erdenkliche Weise theoretisches Wissen anzueignen. Er studierte Bücher und Fachzeitschriften und führte intensive Gespräche mit erfahrenen Züchtern. Bei uns im Hause jedenfalls nahm die Zahl der Vögel ständig zu. Mein Vater reiste mit ihnen von Ausstellung zu Ausstellung und gewann einen Preis nach dem andern. Überall standen bei uns Pokale herum.

Wichtig war bei den Vögeln nicht nur das Aussehen, sondern vor allem die Stimme. Der Vater beschäftigte sich ganz intensiv mit den verschiedenen Melodien der Kanarienvögel. Er wurde nicht müde, immer wieder vor den Käfigen zu sitzen und ihnen Gesangsunterricht zu erteilen. Bald hatten wir so viele Kanarien im Haus, dass er anfangen konnte, sie zu verkaufen. Das war gar kein schlechtes Geschäft, und in dem Haus, in dem ich heute noch wohne, steckt einiges von dem Geld, das Vaters Lieblinge ersungen haben. Mit seinen Tieren errang er oft den Titel eines deutschen Meisters, das ließ sich gut vermarkten.

Als mein Vater mit der Zucht anfing, wohnten wir noch in dem schmalen Haus, und die Vögel erhielten irgendwann in der Mansarde, also in unserem ehemaligen Spielzimmer, ihr eigenes Reich.

Eines Morgens hörten wir vom Dachgeschoss her einen fürchterlichen Lärm. Es dauerte eine Weile, bis wir das richtig geortet hatten. „Was ist denn da los?“, schrie mein Vater voll böser Ahnung und stürmte nach oben. Wir andern alle hinterher. Da war es auf einmal mucksmäuschenstill. Unseren Blicken bot sich Entsetzliches. Alle Vögelchen lagen tot in ihren Käfigen direkt hinter den Gitterstäben. Da habe ich meinen Vater das einzige Mal im Leben weinen sehen. Was war geschehen? Es muss ein Iltis oder ein Marder in den Raum eingedrungen sein, was nicht schwierig war, denn die alten Häuser waren meist aus Fachwerk, und darin gab es allerlei Ritzen und Hohlräume, durch die die Nager eindringen konnten. Offensichtlich hatten die Räuber die Vögel so lange gejagt, bis sie erschöpft am Gitter liegen blieben. Dann konnten sie sie packen und totbeißen.

Kurz darauf zogen wir um, und mein Vater kaufte ein neues Brutpärchen, mit dem wir ebenfalls eine aufregende Geschichte erlebten. Wie es damals in vielen Wohnungen üblich war, befand sich in einer Wohnzimmerwand auf halber Höhe eine Nische. Man konnte darin Lebensmittel aufbewahren, einen Herrgottswinkel daraus machen oder Bücher hineinstellen. Wir taten nichts dergleichen. Wir stellten den Käfig mit dem neuen Vogelpaar hinein. Bald kam ein zweiter Käfig dazu mit vier Jungen. Vor der Nische hing ein grüner Vorhang, der am frühen Abend zugezogen wurde, damit die Vögel schlafen konnten.

In der Silvesternacht hatten wir uns alle im Wohnzimmer versammelt. Die Kerzen wurden noch einmal angezündet, und der ganze Weihnachtsbaum drehte sich langsam in einem raffinierten Ständer, der gleichzeitig die Melodie „O Tannenbaum" spielte. Als es kurz vor Mitternacht draußen anfing zu krachen und zu knallen, stürzten alle ans Fenster. Nachher wusste keiner, wie es geschehen war, aber plötzlich stand der grüne Vorhang in Flammen. „Die Vögelchen brennen!", schrie einer von uns in Panik. Geistesgegenwärtig stürzte meine Mutter hin und riss den Vorhang herunter. Gottlob, den Vögeln war nichts passiert. Ich glaube, eine zweite Vogelkatastrophe hätte mein armer Vater nicht überlebt. Der Christbaum brannte natürlich auch. Aber wir hatten, wie es damals Vorschrift war, einen Eimer Wasser daneben stehen, und – schwupp – war das Feuer gelöscht.

Die geretteten Vögel vermehrten sich kräftig. Auch kaufte der Vater immer wieder Tiere von anderen Züchtern dazu, und diese kauften besonders singfreudige Exemplare von ihm. Manchmal tauschten sie auch untereinander. Später hatte er sogar in Amerika Kunden. Ehe so ein Tier auf die große Reise geschickt wurde, brachte man es in einem Käfig zum Veterinär, der offiziell bestätigen musste, dass es gesund war. Anschließend wurde es artgerecht „verpackt". Das heißt, in den Käfig kam etwas Futter und ein nasser Schwamm, aus dem der Vogel Wasser saugen konnte. Am Flughafen wurde das „Paket" einem Flugbegleiter übergeben. Im Gepäckraum konnte man die Vögel nicht unterbringen, weil dort kein Luftdruckausgleich stattfand, doch sie kamen natürlich nicht direkt zu den Fluggästen, sondern in ein spezielles Abteil für lebende Tiere. Mit dem Flugzeug waren sie ja in wenigen Stunden drüben. Unsere Kanarienvögel sind immer heil angekommen, wie wir aus den begeisterten Dankschreiben erfuhren. Sie waren sehr begehrt, weil sie besonders schön sangen. Außerdem wurden sie mit Stammbaum geliefert und manchmal sogar mit Pokal, zumindest aber mit dem Nachweis über einen Pokal.

In seiner besten Zeit hatte mein Vater über hundert Kanarienvögel gleichzeitig. In unserer Wohnung am Affentor war dafür ein eigenes Zimmer eingerichtet worden. Natürlich machten so viele Vögel auch eine Menge Dreck. Deshalb musste das Zimmer einmal in der Woche sauber gemacht werden. Das war eine Arbeit, die ich zwar nicht gerne übernahm, aber trotzdem tun musste – allerdings im Wechsel mit meiner Mutter. Man darf sich das jetzt nicht so vorstellen, dass die Vögel in dem Zimmer alle wild durcheinandergeflogen wären. Rechts und links an der Wand hatte der Vater Regale angebracht, auf denen die kleinen Singkäfige standen, in denen sich je ein Vogel befand. Wenn die Brutzeit kam, wurde das Weibchen in einen großen Käfig gegeben und das Männchen dazu. Hatte das Weibchen seine vier Eier gelegt, nahm man das Männchen wieder heraus. Der Vater wollte kein Risiko eingehen, denn es war schon vorgekommen, dass Männchen das Nest zerstört oder das Weibchen verjagt hatten.

Interessanterweise haben immer alle Weibchen gleichzeitig gebrütet. Bei uns waren das ab April meist acht Paare. Also gab es in der Regel zweiunddreißig Junge gleichzeitig. Die zweite Brut bescherte uns weitere zweiunddreißig Vögelchen. Wenn die Kleinen flügge wurden, kamen sie ohne Käfig in die eigens für sie umgestaltete Garage, damit sie fliegen lernten und kräftig wurden. Im Herbst zogen sie dann in kleine Singkäfige um, und der Gesangsunterricht begann. Mein Vater setzte sich vor sie hin und pfiff ihnen etwas vor. Als gelehrige Schüler machten sie es nach. Es gab unterschiedliche

Melodien, die er ihnen beibrachte: eine Knorre, eine Pfeife, eine Hohlrolle.

Wenn ein Kunde einen Vogel kaufen wollte, kam er meist zu uns in die Wohnung, damit er sich ein Tier aussuchen konnte. Dabei wollte sich der Käufer gleich davon überzeugen, wie gut der gefiederte Freund singen konnte. Kanarienvögel singen aber nur, wenn es im Zimmer ganz still ist und sich nichts bewegt. Das bedeutete für uns, das wir uns nicht mucksen durften. Wenn man aber still sitzt, das ist bekannt, dann juckt es einen hier und dann juckt es da, und man versucht, sich heimlich zu kratzen. Wenn nun so ein Vögelchen partout nicht singen wollte, aus welchen Gründen auch immer, dann hat mein Vater immer behauptet: „Nur weil ihr nicht ruhig gesessen habt, konnte ich den Vogel nicht verkaufen."

1935 wurde ich aus der Schule entlassen. Aber noch ehe uns die Zeugnisse überreicht wurden, machte uns der Rektor das „Landjahr" so schmackhaft, dass sich eine ganze Reihe von Mädchen spontan dazu meldete, darunter auch ich. Freudestrahlend berichtete ich davon zu Hause. „Um Gottes willen!", rief meine Mutter aus. „Da kannst du doch nicht hin. Wie kommt der Rektor überhaupt dazu, euch solch ein Angebot zu machen? Du bist ja noch nicht mal vierzehn."

Sie rannte in die Schule und machte dem Schulleiter Vorhaltungen: „Herr Rektor, das geht doch nicht. Sie können doch nicht einfach die Mädchen aufschreiben zu irgendwelchen Unternehmungen, die sie noch gar nicht überschauen können. Es wäre doch Ihre Sache, erst mal mit den Eltern Rücksprache zu nehmen."

„Regen Sie sich nicht auf", begütigte sie der Rektor. „Es geht wie immer nach Notendurchschnitt. Eine bestimmte Anzahl von Mädchen dieser Klasse geht da hin. Da haben wir beide keinen Einfluss drauf."

Bei alledem war meine Mutter noch froh, dass ich nicht ins Pflichtjahr musste, sondern nur ins Landjahr. Der Unterschied war folgender: Beim Pflichtjahr wurde man weit fortgeschickt, zum Beispiel nach Ostpreußen. Dort musste man ein ganzes Jahr bei einem Bauern arbeiten und wohnen. Beim Landjahr kam man in ein Lager zu einer gemeinsamen Ausbildung.

Ich landete also mit einer Gruppe von Mädchen in der Nähe von Osnabrück. Das war ein gewaltiger Schritt für mich, denn ich war das erste Mal von zu Hause weg! Und dann gleich so weit! Für ganze neun Monate! Zum Glück war ich zusammen mit sieben Mitschülerinnen dort, insgesamt waren wir sechzig Mädchen im Lager.

Es war ein altes Wasserschloss, in dem wir wohnten. Besser gesagt, wir wohnten auf dem Schlossgelände, denn der Pferdestall und der Schweinestall waren notdürftig zu einer Unterkunft für uns umgebaut worden. Der ehemalige Pferdestall war mit doppelstöckigen Betten möbliert worden, in die man Strohsäcke gelegt hatte. Außer dem riesigen Schlafraum gab es den sogenannten Treffraum. Dort saß man abends zusammen zum Singen, zum Spielen, zum Musizieren. Der Schweinestall bestand aus sechs Koben, die man auch so belassen hatte. Man hatte sie lediglich frisch geweißt und in jeden einen Tisch und zwei Bänke gestellt. So dienten sie als Speiseräume.

Gearbeitet haben wir auf dem Schloss nicht. Dort sind wir nur gedrillt worden wie die Soldaten. Morgens hieß es antreten. Es wurde die Fahne gehisst, und es wurde gesungen. Danach wurde das Tagesprogramm festgelegt. Manchmal stand ein Gepäckmarsch von fünfundzwanzig Kilometern auf dem Programm. Wir hatten auch regelmäßig Schwimmunterricht, sodass mindestens jede ihren Freischwimmer machen konnte. Manchmal traten der Herr Baron und die Frau Baronin auf die Freitreppe heraus, um zu sehen, was wir da machten. Sonntagmorgens waren grundsätzlich Ausflüge angesagt. Vermutlich wollte man uns dadurch von vornherein vom Kirchgang abhalten. Der Baron ist dann hoch zu Ross neben uns hergeritten und hat uns überall herumgeführt.

Pro Tag erhielten wir fünfundzwanzig Pfennig „Lohn", damit wir uns Schuhcreme, Seife oder Zahnpasta kaufen konnten. Im Übrigen brauchten wir nicht viel, weil wir ja komplett verpflegt wurden. Nachdem die Grundausbildung abgeschlossen war, kamen die Bauern aus der Umgebung abends mit ihrem Fahrrad auf den Hof – Telefon hatte ja fast noch niemand – und suchten sich Arbeitskräfte für den nächsten Tag aus. Das konnte ein Mädchen sein, das konnten zwei sein oder sogar vier. Den Weg zu den Bauernhöfen mussten wir natürlich zu Fuß zurücklegen. Da ging man oftmals schon eine gute Stunde, und weil wir jeden Abend vor sechs Uhr wieder im Lager sein mussten, hieß es, rechtzeitig beim Bauern loszumarschieren. Punkt sechs Uhr mussten wir nämlich in Uniform zur Flaggenparade antreten.

Nachdem die Erntezeit vorbei war und es auf

den Feldern für uns nichts mehr zu tun gab, beschäftigten die Bauern uns im Haus. Dort wurden wir zu allen anfallenden Arbeiten eingesetzt. Einige Bäuerinnen verlegten sogar ihren Frühjahrsputz auf November oder Dezember vor. Außer einer soldatischen Ausbildung, wie man das nennen könnte, wurden wir auch in weiblichen Fertigkeiten unterwiesen – zum Beispiel musste jede von uns ein Kleid nähen. Eine Schneiderin, die eigens dafür engagiert wurde, schnitt uns den Stoff zu, aber nähen mussten wir selbst, überwiegend mit der Hand, denn es gab nur zwei Nähmaschinen im ganzen Haus. Zum Abschied wurde uns unsere Uniform geschenkt mit der Auflage, uns sofort nach der Rückkehr in der Heimatgemeinde beim BDM zu melden. Aber wir Frankfurter Mädchen haben das alle nicht gemacht, und keiner hat danach gefragt. Meine Uniform ist später einem Bombenangriff zum Opfer gefallen.

Als ich Mitte Dezember wieder glücklich im Schoß der Familie gelandet war, stand für mich die Überlegung an, welchen Beruf ich ergreifen wollte. Das Problem war, dass es so gut wie keine Lehrstellen gab. Zum Glück hatte ich mich nicht auf einen Traumberuf festgelegt.

Meinem Bruder war es zwei Jahre zuvor ähnlich ergangen. Er war schließlich nach langem Suchen bei den Adlerwerken als Bürokaufmann untergekommen. Wenn man meinen Bruder jedoch im Büro suchte, war er nicht zu finden. Heimlich schlich er sich immer in die Werkstatt. Deshalb wurden meine Eltern bestellt, und man eröffnete ihnen, dass der Sohn überhaupt keinen Spaß an der Bürotätigkeit habe. Seine Welt seien Motoren. Ob sie etwas dagegen hätten, wenn er seine Lehre bei den Motorrädern fortsetzte. Sie hatten nichts dagegen. Die bereits abgeleisteten Monate im Büro wurden ihm voll auf die Lehrzeit in der Werkstatt angerechnet. Über diese Wendung war er überglücklich, und in relativ kurzer Zeit bastelte er sich aus Abfallstücken ein eigenes Motorrad zusammen, mit dem er voller Stolz durch die Gegend knatterte, mit mir als „Motorradbraut" auf dem Sozius. Ein Problem war das Geld fürs Benzin. Da es ihm peinlich war, nur wegen eines Liters zur Tankstelle zu fahren, schickte er mich immer wieder mit einer Flasche los, damit ich einen Liter Benzin kaufte. „Das brauche ich zur Reinigung", behauptete ich jedes Mal. Mit diesem Liter konnten wir dann wieder eine kleine Tour machen.

Eines Tages herrschte in Frankfurt große Aufregung. „Der Zeppelin kommt! Der Zeppelin kommt!“, tönte es in der Stadt aus Lautsprechern.

„Auf, los!“, animierte mich mein Bruder. „Da müssen wir hin.“

Der Zeppelin kam tatsächlich von Friedrichshafen nach Frankfurt. Neugierig, wie wir waren, sind wir mit dem Motorrad zum Flughafen gedüst. Von allen Seiten strömten die Menschen herbei, per Auto, per Motorrad, per Fahrrad, per pedes. So viele Menschen habe ich weder vorher noch nachher auf einem Flecken gesehen. Und dann schwebte er heran. Wie eine riesige Zigarre zog er über Frankfurt seine Kreise, und wir, das jubelnde Volk, schrien vor Begeisterung und winkten ihm zu. Später, als wir hörten, dass die „Hindenburg“ vor der Landung in New York bei einem schweren Gewitter in Brand geraten war, waren wir besonders stolz darauf, dass wir das berühmte Luftschiff vor der Katastrophe noch unversehrt gesehen hatten.

Für mich gestaltete sich die Suche nach einer Lehr- bzw. Arbeitsstelle noch schwieriger als für meinen Bruder. Ich weiß nicht, wo ich überall herumgelaufen bin, bei welchen Betrieben ich nachfragte und wie viele Bewerbungen ich losgeschickt habe. Dann kam mir ein gütiger

Zufall zu Hilfe. Am Bahnhof gab es eine Firma, die stellte die sogenannten Kleppermäntel her sowie Popelinemäntel. Jemand erzählte mir, sie würden eventuell Leute suchen. Ich also nichts wie hin, und ich wurde tatsächlich eingestellt! Was war ich erleichtert, dass ich meinen Eltern nicht länger auf der Tasche liegen musste. Ich kam in die Abteilung „Inspektion und Abfertigung", wo die Ware auf ihre ordnungsgemäße Fertigstellung überprüft, dann in Seidenpapier eingeschlagen und in Kartons verpackt, also postfertig gemacht werden musste. Als der Krieg ausbrach, wurden die Klepper- und Popelinemäntel aus der Produktion genommen und stattdessen Uniformen genäht.

Mit sechzehn Jahren durfte ich zum ersten Mal zum Tanzen gehen. Auf der Darmstädter Landstraße gab es ein nettes Ausflugslokal mit Wirtsgarten, das Tivoli, das nachmittags besonders gerne von Familien besucht wurde. Samstag- und Sonntagabend aber fanden dort häufig Tanzveranstaltungen statt, die ich gemeinsam mit zwei Freundinnen aus der Nachbarschaft besuchte. Einmal, wir waren noch nicht richtig im Saal, da wurde eine Gruppe von fünf jungen Männern auf uns aufmerksam, die uns abwechselnd zum Tanz aufforderten. Das war herrlich. Anschließend brachten sie uns alle miteinander heim. Beim Abschied fragten sie: „Wann kommt ihr denn wieder?" Ausweichend antworteten wir: „Wir kommen schon mal wieder vorbei."

In der Folgezeit sind wir zunächst woanders zum Tanzen gegangen, aber eines Abends entschieden wir uns mal wieder für das Tivoli. Dort traf ich Peter, einen von den jungen Burschen, und wir tanzten fast die ganze Zeit miteinander. Auch wusste er es so einzurichten, dass er mich ganz allein nach Hause begleitete. Aber nur begleitete – sonst war nichts, noch nicht mal ein Kuss. Das nächste Mal, als wir im Tivoli waren, trafen wir Peter nicht an. Er befinde sich auf einer Schifffahrt, berichteten die Freunde. Das störte mich nicht, und ich tanzte abwechselnd mit den anderen. Ich dachte noch gar nicht an eine feste Bindung, denn schließlich war ich ja erst sechzehn. Er aber war schon vierundzwanzig und meinte es wohl ernst, denn bei unserer nächsten Begegnung machte er mir Vorhaltungen, dass ich in seiner Abwesenheit mit den anderen getanzt hatte. Das beeindruckte mich jedoch nicht.

Er war Reservist bei den Soldaten und musste kurze Zeit darauf für sechs Wochen nach Gotha zu einer Übung. Ich sah nicht ein, dass ich mich während dieser Zeit im Haus verkriechen und Trübsal blasen sollte.

Nach seiner Rückkehr machte er mir erneut Vorhaltungen. Offenbar hielt er mich bereits für seine Braut. Kurz darauf wurde ich siebzehn, und von da an verabredete er sich regelmäßig mit mir. Deshalb schlug meine Mutter vor: „Lass dich doch von dem jungen Mann mal von zu Hause abholen, damit ich ihn mir anschauen kann." Das tat ich auch. Als er an der Haustür schellte, spähte meine Mutter unauffällig vom Fenster nach unten.

„Mensch, Kind", empfing sie mich beim Nachhausekommen. „Lass die Finger von dem, das ist ein Zigeuner. Wer weiß, wohin der dich eines Tages verschleppt." Er sah tatsächlich ein bisschen so aus. Er hatte schwarz glänzendes Haar, einen dunklen Teint und feurige braune Augen. Vielleicht war ja ein Italiener in seiner Ahnenreihe.

„Nein, Mutti", verteidigte ich ihn, „er ist ganz bestimmt kein Zigeuner. Ich weiß ja, wo er wohnt, und seine Familie ist schon sehr lange in Frankfurt ansässig. Sein Vater ist ein solider Postbeamter, und er selbst ist Ingenieur in einem Werk, das Cockpits für Flugzeuge baut."

Das beruhigte sie einigermaßen. Nun war es

mein Bruder, der drängelte: „Nun bring ihn endlich mal mit. Ich möchte doch meinen Schwager kennenlernen."

„Von Schwager kann noch gar keine Rede sein", lachte ich. Dennoch brachte ich Peter nach dem nächsten Treffen mit nach Hause. Er war gleich mittendrin in der Familie. Nur ich selbst war immer noch nicht so ganz sicher, ob er der Richtige war. Bald stellte er mich auch seinen Eltern vor und holte mich in der Folgezeit immer häufiger von der Arbeit ab.

Es muss Ende 1938 gewesen sein, da läutete es eines Abends nach zehn Uhr bei uns Sturm. Das war eine ganz unübliche Zeit für Besuch, deshalb gingen wir noch nicht mal ans Fenster. Es schellte aber immer wieder. Endlich haben wir doch nachgeschaut und sahen Peter, der unten vor dem Haus stand. Er bat, ich solle schnell herunterkommen. Das war meinen Eltern gar nicht recht. Da Peter es aber so dringend machte, knurrte mein Vater schließlich: „Na, dann geh halt, aber bleib nicht so lang an der Haustür stehen."

Kaum war ich unten, stieß Peter hervor: „Ich habe einen Gestellungsbefehl gekriegt. Morgen früh um fünf muss ich fort." Weil damals noch kein Krieg war, nahm ich die Sache nicht so ernst. Ich dachte, das ist wieder mal so ein

Manöver wie seinerzeit in Gotha. Ich wünschte ihm eine gute Reise und huschte wieder nach oben.

Zunächst kam er ins Elsass, von da nach Luxemburg, direkt an der deutschen Grenze. Erst als ein paar Monate später der Krieg erklärt wurde, begriff ich den Ernst der Lage und begann, mir Sorgen um ihn zu machen. Nun wurde mir auch klar, dass sein Manöver in Gotha ebenfalls schon der Kriegsvorbereitung gedient hatte. Da er längere Zeit in Luxemburg in Stellung lag, besuchte ich ihn einmal für einen Tag, und gemeinsam besichtigten wir Trier. Wenige Tage später wurde Peter zum Frankreichfeldzug abkommandiert. Wir blieben ständig in brieflicher Verbindung. Ich wusste aber nie genau, wo er gerade war, denn aus Geheimhaltungsgründen durften sie nie eine Adresse angeben, nur eine Feldpostnummer.

Plötzlich stand Peter wieder vor unserer Tür. Man hatte ihn überraschend nach Hause geschickt, weil seine Firma, die als kriegswichtig galt, ihn angefordert hatte. Nachdem er so unerwartet bei uns aufgetaucht war, schaute er meine Mutter flehend an: „Gell, noch einmal muss ich nicht unverheiratet in den Krieg gehen?“ Meine Mutter, in dem festen Glauben, der Krieg sei beendet, zumindest für ihn, versicherte ihm: „Nein, das brauchst du nicht."

Doch nachdem er acht Monate in seiner alten Firma gearbeitet hatte, bekam er erneut einen Gestellungsbefehl. Also haben wir innerhalb von drei Tagen – ich war gerade zwanzig Jahre alt – geheiratet. Bei allem war ich noch froh, dass es keine „Kriegstrauung" war. Mein stattlicher Bräutigam war wenigstens an meiner Seite, als wir uns im Frankfurter Römer unser Jawort gaben. Auch der äußere Rahmen war einigermaßen festlich. Auf Kleiderkarte hatten wir mein Brautkleid und Peters Anzug kaufen können. Es gab auch einen Schein für eine bestimmte Menge Fleisch, sodass wir einen Braten machen konnten.

Nach der Hochzeitsfeier musste mein Mann jedoch gleich weg, in Sommeruniform. Es hieß, er komme nach Frankreich und brauche da nur Ehrendienst am Kriegerdenkmal zu versehen. Inzwischen tobte der Krieg aber auch an der Ostfront, und er wurde, wie viele andere, in seiner Sommeruniform vor Wintereinbruch nach Russland geschickt. Dass er im Osten war, konnte ich nur zwischen den Zeilen lesen. Es sei sehr kalt dort, wo er sich jetzt befinde, stand in dem Brief. Kurz vor Weihnachten erhielt ich einen Brief aus

Breslau, von einem Pfarrer. Er schrieb, ich solle mich nicht aufregen, mein Mann sei verwundet und liege im Lazarett. Er sei aber glimpflich davongekommen, und wie es aussehe, brauche er nicht wieder an die Front. Das beruhigte mich nur bedingt, und sobald die äußeren Bedingungen eine Fahrt nach Breslau erlaubten, besuchte ich ihn dort. Erst danach konnte ich wirklich aufatmen. Es hatte zwar seinen linken Arm übel erwischt – Schulter- und Ellenbogengelenk waren zertrümmert –, und er würde ihn nie mehr richtig gebrauchen können, aber es bewahrte ihn vor einem weiteren Kriegseinsatz, der ihn womöglich das Leben gekostet hätte. Er kam dann später bei der Post unter, nachdem er sich zunächst als technischer Zeichner versucht hatte, aber das erwies sich mit nur einem gebrauchsfähigen Arm als zu schwierig.

Bevor es allerdings so weit war, hatte er noch einen langen Lazarettaufenthalt mit einigen komplizierten Operationen zu überstehen. Auch schwebte er ständig in der Gefahr, dass der Arm doch noch abgenommen werden musste. Es dauerte über ein Jahr, bis er entlassen wurde, und da für ihn der Krieg endgültig vorbei war, wagten wir es endlich, ein Kind zu bekommen. Unser Bub wurde Mitte 1943 geboren, im Krankenhaus, und gleich in der ersten Nacht mussten wir in den Bunker. Die Schwestern hatten fahrbare Bahren auf den Gang gestellt und am Abend die wohlverpackten Babys nebeneinander daraufgelegt. Uns Müttern hatten sie eingeschärft: „Wenn es heute in der Nacht Fliegeralarm gibt, schnappt sich jede Mutter ein Neugeborenes, irgendeines. Sucht bloß nicht nach dem eigenen. Das würde viel zu lange dauern. Wenn jede Frau eines nimmt, ist Ihres auch dabei." Das klappte wunderbar. Im Bunker ging dann eine lebhafte Tauscherei los. Erst als jede Mutter wieder ihr eigenes Kind im Arm hatte, waren alle zufrieden. Zum Glück brauchte ich eine solche Nacht nur einmal mitzumachen.

Als ich mit meinem Kind dann zu Hause war, wurde es für uns in Frankfurt immer bedrohlicher. Deshalb zog ich mit dem Kleinen zu Verwandten aufs Land. Erst als es hieß: „Der Krieg ist aus", kehrte ich in unsere Wohnung zurück. Das Leben dort war anfangs nicht einfach. Zwar schwiegen seit dem 8. Mai 1945 die Waffen, aber von Normalzustand konnte nicht die Rede sein. Große Teile der Bevölkerung litten unter Hunger, vor allem in der Stadt. Wenn man überleben wollte, musste man entweder auf Hamsterfahrt gehen oder Tauschgeschäfte machen, „schubbeln“ nannte man das in Frankfurt. Da entsann sich mein Vater seiner Verwandten auf dem Land. In den ersten Dezembertagen schlug er sich bis zu ihnen durch. Um dort einen guten Eindruck zu machen, brachte er ihnen einen Kanarienvogel mit. Und womit kam er zurück? Mit einer ausgewachsenen Gans, die bei uns als Braten auf der Weihnachtstafel landen sollte. Es waren aber noch zwei Wochen bis zum Fest. Kühlschrank und Tiefkühltruhe gab es nicht, zumindest nicht bei uns. Deshalb blieb uns nichts anderes übrig, als das Tier am Leben zu erhalten, aber wie machte man das in einer Stadtwohnung? Mein Vater erklärte mir: „Die Gans können wir jetzt noch nicht schlachten. Wir haben aber nicht mal ein Bad, in dem wir sie unterbringen könnten. Du hast ein Bad, und deshalb musst du die Gans mitnehmen und in deinem Bad unterbringen.“ Gute Ratschläge, was da genau zu tun war, gab er mir auch noch mit auf den Weg. Über mögliche Folgeprobleme machten wir uns keine Gedanken. Mein Mann und ich legten am Fußende der Wanne ein Brett hinein, auf dem die Gans bei Bedarf sitzen konnte. Auf der anderen Seite füllten wir Erde und Sand in die Wanne, damit sie gründeln konnte.

Sogar eine Schüssel mit Wasser stellten wir hinein, damit sie nicht nur trinken, sondern auch plantschen konnte.

Unser Bub war zu der Zeit etwa zweieinhalb Jahre alt. „Das ist unser Wullegänschen", stellten wir ihm den neuen Mitbewohner vor. Er hatte einen Riesenspaß an dem großen weißen Vogel. Immer wieder musste einer von uns mit ihm zum Bad gehen, damit er die Gans anschauen konnte. Dieses Bad war kein eigener Raum, sondern eher eine Badenische in unserem Schlafzimmer, die durch eine Schiebetür abgetrennt war.

In Ermangelung eines Kinderzimmers schlief mein Sohn mit bei uns, und weil er das Wullegänschen immer wieder sehen wollte, schob ich die Tür zum Bad auf, wenn ich ihn zum Mittagsschlaf niederlegte. Sobald er die Gans erblickte, freute er sich. Und einmal, als sie gerade in ihrer Schüssel ein Fußbad nahm, jauchzte er: „Wulli, wulli, wulli!" Da breitete die Gans ihre Flügel aus, erhob sich wie ein Kondor, flog in unser Schlafzimmer und schwebte direkt über unseren Betten. Und das mit ihren nassen Füßen! In dem Moment hätte ich den Buben am liebsten mitsamt der Gans gegen die Wand geklatscht. Um noch das Ärgste zu verhindern, griff ich nach der Tagesdecke und zerrte sie schnell übers Bett.

Das war jedoch nicht unser einziges Erlebnis mit dieser Gans. Die Nachbarn hatten auch Gänse, die allerdings in einem kleinen Stall, der ans Wohnhaus angebaut war, lebten und sogar eine kleine Wiese als Auslauf hatten. Von dort klang immer „Waak, waak, waak" zu uns herüber, und unsere Gans, glücklich darüber, jemanden gefunden zu haben, der ihre Sprache sprach, antwortete lautstark. Ein paar Tage hörte ich mir das an. Dann bekam ich Bedenken wegen der Mitbewohner. Die mussten das doch auch hören. Wenn die uns nun anzeigten, dann flogen wir mitsamt unserer Gans aus der Wohnung. Haustiere waren nämlich ausdrücklich verboten! Deshalb jammerte ich bei meinem Vater: „Du, das mit der Gans geht nicht mehr. Wenn wir erwischt werden, kündigen die uns die Wohnung. Und bei der Wohnungsnot eine neue Bleibe zu finden, ist schier aussichtslos. Das weißt du doch selbst."

„Gut", entschied er. „Wir können die Gans jetzt schlachten. Es ist kalt, und es sind nur noch acht Tage bis Weihnachten. So lange hängen wir sie vors Fenster, dann hält sie sich."

Ich nahm also meinen Sohn und machte mit ihm einen Spaziergang durch die Stadt. Er sollte ja von der Aktion nichts mitkriegen. Bei unserer

Rückkehr warf ich gleich einen Blick hinauf zu unserem Schlafzimmerfenster. Da hing traurig ein weißer Vogel mit langem Hals – hoch genug, dass er vor Mensch und Tier sicher war.

Suchend lief der Kleine durch die Wohnung und rief immer wieder nach seinem Wullchen.

„Es ist fortgeflogen", erklärte ich ihm. Einige Tage fragte er noch danach, dann war es vergessen. Keine dunkle Ahnung kam ihm, dass sein Wullchen der köstliche, goldbraun gebratene Vogel war, den meine Mutter am ersten Weihnachtstag servierte.

Eine Kindheit im Schloss

Irene v. S., Jahrgang 1924, aus dem Kreis Trebnitz in Niederschlesien

Im Winter 1924 herrschte in Schlesien eine sibirische Kälte. Ein eisiger Schneesturm hatte die Überlandleitung zerrissen. Telefonische Verständigung war somit nicht mehr möglich. In dieser Zeit, am 20. Februar, hatte ich es sehr eilig, auf die Welt zu kommen. Meine Geburt war eine Sturzgeburt, und meine Mutter schwebte in Lebensgefahr, weil sie zu verbluten drohte. So wurde unser Chauffeur bei minus zwanzig Grad mit unserem offenen Auto, ich glaube einem „Adler", die siebzehn Kilometer nach Breslau geschickt, um schnellstens ärztliche Hilfe zu holen. Als er wieder zurückkam, war eine seiner Hände erfroren. Der Arzt kümmerte sich intensiv und erfolgreich um meine Mutter, während für das Neugeborene wenig Zeit blieb. Man hatte es einfach schnell in die frisch gestrichene Babybadewanne gelegt.

Da ertönte plötzlich ein lebensbehauptender Schrei des vergessenen Babys. Man wollte es aus der Wanne heben, doch das erwies sich als schwierig. Es war an der frischen Farbe festgeklebt. Das waren die Umstände meiner dramatischen Geburt, und sie wurden symptomatisch für mein ganzes Leben. Dieses ständige Kämpfen und Sich-behaupten-Müssen, das war einfach vorgegeben. Zwanzig Jahre später würde mein Vater in seiner Hochzeitsrede schmunzelnd zu meinem Bräutigam sagen: „Du musst dich nicht wundern, wenn du an ihrem Rücken noch weiße Farbe findest."

Meine Kindheit und Jugend verbrachte ich überwiegend in Schlesien auf einem großen Gut, das meinem Vater gehörte. Er war diplomierter Landwirt und widmete sich vor allem der Vieh- und Pferdezucht. Auf unserem Hof standen meist vierundzwanzig Warmblüter, die als Zugpferde für Kutschen, Wagen und Schlitten dienten sowie als Reitpferde. Dazu hatten wir vierundzwanzig Gespanne Kaltblüter, die als Ackerpferde gebraucht wurden. Außerdem gab es noch den Fohlenstall mit den Neugeborenen und den Einjährigen. Mein Vater hatte aber nicht nur mit den eigenen Pferden zu tun; er war auch Vorsitzender des Zuchtverbandes für ganz Schlesien. So kannte er sich bestens mit Pferden aus und wusste, wo man die finden konnte, die man suchte. Auch ich bin zwangsläufig mit Tieren groß geworden und habe früh gelernt, Verantwortung für sie zu übernehmen und ihnen die richtige Pflege angedeihen zu lassen, ohne jede Sentimentalität jedoch. Auf einem Gut sind Tiere, egal ob groß oder klein, kein Spielzeug, sondern Nutztiere.

Zwar wurde ich in einem Schloss geboren, aber das Leben einer Prinzessin habe ich nicht geführt. Meine Mutter war eine großartige Frau und ein fantastisches Vorbild. Sie scheute keine Arbeit und legte, wenn nötig, überall selbst Hand an. Außerdem war sie eine gute Pädagogin. Obwohl ich die Jüngste und ein Mädchen war, wurde mir nichts geschenkt. Mein Elternhaus war zwar ein liebevolles und harmonisches, zugleich aber auch ein strenges. Wenn mich zum Beispiel meine beiden Brüder, vier und zweieinhalb Jahre älter als ich, drangsalierten, lief ich schutzsuchend zu meiner Mutter. Sie aber wies mir die Tür mit den Worten: „Geh raus und mach das mit deinen Brüdern aus."

Wenn ich verpimpelt worden wäre, wie man „Verwöhnen" in Schlesien nannte, hätte ich das alles nicht durchgestanden, was später auf mich zukam. Durch meine Erziehung, bei der Gebote und Verbote in einem ausgewogenen Verhältnis standen, war ich auf die Härten des Lebens vorbereitet. Ohne diese Prägung von zu Hause hätte ich sicherlich Schiffbruch erlitten. Deshalb bin ich meiner Mutter heute noch unendlich dankbar für alles, was sie mir an Liebe und Strenge und an Sinn für Humor mitgegeben hat.

Nach meiner Geburt engagierten meine Eltern ein Kindermädchen für mich. Fiffi schlief in dem Zimmer, das sich hinter dem meinen befand. Sie war sehr musikalisch und spielte jeden Abend Gitarre. Von klein auf schlief ich also immer mit Musik ein. So weit ich zurückdenken kann, fand ich diese Musik einmalig schön. Noch heute glaube ich, dass Fiffis Gitarrenspiel den Grundstein für meine Liebe zur Musik legte. Dann war da noch ein Großonkel, der eine Zeit lang in unserem Haus lebte und wundervoll Klavier spielte. Dem konnte ich stundenlang zuhören, und bestimmt hat sein Spiel meine Liebe zur Musik noch vertieft. Noch heute bedeutet ein Konzertbesuch für mich einen der höchsten Genüsse. Fiffi war es auch, die uns Kinder allabendlich abschrubben musste, bevor sie uns zu Bett brachte. Wir kamen nämlich meist ganz schön schmutzig vom Hof herein, wo wir viel Unsinn gemacht hatten. Wir wurden mehr auf Bäumen groß als sonst wo. Meist half ihr Lottel, unser Stubenmädchen, mit dem sie befreundet war, bei dieser abendlichen Prozedur. Ich mochte es immer gerne, wenn sie uns etwas vorlasen, zum Beispiel aus der „Hasenschule". Noch heute ist mir der Satz in Erinnerung: „Kinder, sprach die Mutter Hase, putzt euch schnell noch mal die Nase mit dem Kohlblatt-Taschentuch."

Lottel war die Tochter unseres Gärtners Hippe, dessen Familie bereits in der dritten Generation bei meiner Familie in Diensten stand. Alfred Hippe war ein strenger Mann, dem wir gehorchten, der uns aber sehr gern hatte. Bei Jagdessen und Einladungen pflegte er zu servieren. Dann trug er eine eindrucksvolle Livree. Obwohl wir Kinder bei solchen Anlässen nie mitessen durften, bekamen wir doch von unseren Lieblingsspeisen. Dafür sorgte Hippe.

Dann war da noch ein anderes Stubenmädchen neben Lottel. Das war Marie. Sie war eine wirklich treue Seele, immer pünktlich und fleißig, und wir Kinder liebten sie sehr. Zärtlich nannten wir sie „Maruschka". Eines Morgens erschien sie nicht zum Dienst, was ganz ungewöhnlich war. So etwas war bei ihr noch nie vorgekommen. In tiefer Besorgnis suchte meine Mutter ihr Zimmer auf. Sie fand das Mädchen in ihrem Bett, sich vor Schmerzen windend. Alles war voll Blut. Maruschka hatte eine Fehlgeburt erlitten. Dass so etwas in unserem Hause passierte, war eine schlimme Sache, nicht nur für Maruschka. Schließlich hatte man hohe Wertvorstellungen. Da aus dem Mädchen kein Wort über den „Täter" herauszubringen war, ließ Mutter verkünden, derjenige solle sich melden. Sie wollte den Urheber dieses Malheurs zur Verantwortung ziehen. Da sich innerhalb einer festgesetzten Frist niemand meldete, zitierte sie nacheinander den Diener, den Chauffeur und den Hauslehrer zu sich. Mit Unschuldsmiene beteuerten alle drei, sie seien nicht der Vater dieses „Unglücks". Also konnten sie wieder an ihre Arbeit gehen. Maruschka verließ uns wenig später freiwillig. Als meine Mutter jedoch viele Jahre später erneut ein Stubenmädchen suchte, meldete sie sich erneut und wurde mit Freuden eingestellt. Über die vergangene Geschichte schwieg sie sich allerdings weiterhin aus. Sie blieb bei uns, bis sie einen Bauernsohn aus dem Dorf heiratete, doch half sie weiterhin noch oft auf dem Gut aus. Bei meiner Hochzeit ließ sie es sich nicht nehmen, mir meinen kostbaren Schleier aus Brüsseler Spitzen aufzustecken. Erst 1989, als wir Maruschka bei Ludwigslust, wo sie nach dem Krieg gelandet war, besuchten – sie war mittlerweile sechsundachtzig Jahre alt –, gestand sie uns, dass der Vater ihrer Fehlgeburt unser Hauslehrer gewesen war.

Damals wie heute denke ich, dass meine Brüder und ich eine wunderbare Kindheit verleben durften. Die Freiheit, die Natur, die vielen Freunde, die unendlichen Spielmöglichkeiten – Langeweile war für uns ein Fremdwort. Wir waren als Kinder so beschäftigt, so vertieft in das Spiel, dass um uns herum die Zeit stillzustehen schien. Wenn uns mittags der große Gong zum Essen rief, haben wir es manchmal gar nicht gehört, und wenn, waren wir völlig überrascht, dass schon so viel Zeit vergangen war.

In unserem Park gab es drei Teiche, auf denen wir mit selbst gebauten Flößen umhergefahren sind. In einem gab es eine Halbinsel, die wir mit Vorliebe ansteuerten. Eines Tages raunte uns jemand zu, auf dieser Halbinsel habe das alte Schloss gestanden. Ein unterirdischer Gang habe von dort zur „Pelzecke" geführt. Von diesem Moment an kreiste unsere Fantasie dauernd um das frühere Schloss. Wir waren besessen von dem Gedanken, den unterirdischen Gang zu finden, auf Mauerreste des Schlosses zu stoßen und womöglich noch einen Schatz zu entdecken. Mit Schaufeln, Spaten und Pickeln bewaffnet, begaben wir uns in die Pelzecke. Woher sie diesen Namen hatte, konnte uns niemand erklären. Zumindest befand sich dort eine kleine Erhebung und in dieser eine kleine Aushöhlung. Wir waren überzeugt, das musste der Zugang zu dem unterirdischen Gang sein.

Meine Brüder und ihre Freunde, die vom Dorf herüberkamen, hatten nichts Eiligeres zu tun, als diese Aushöhlung zu erweitern und vor allem zu verlängern. Sie buddelten wie die Wilden und trieben einen Stollen vier Meter weit in den Berg. Anschließend gruben und hackten sie auch in die Breite, wodurch eine Art Wohnraum entstand mit erdbelassenen Sitzbänken. Meine Aufgabe war es, mit einem Eimer die anfallende Erde nach draußen zu schaffen. In dieser Zeit war ich etwa dreizehn oder vierzehn Jahre alt. Um unseren Aufenthaltsraum, der etwa zwei mal drei Meter maß, ein wenig wohnlicher zu gestalten, klauten wir auf dem Gut wie die Raben. Vom Schüttboden, wo das Getreide lagerte, ließen wir einen Sack nach dem anderen mitgehen und kleideten damit den Gang und den Wohnraum aus, damit wir beim Hineinkriechen nicht so schmutzig wurden. Sogar Licht installierten wir in unserem „Wohnzimmer". Wir stahlen einige Dränagerohre, bohrten von oben Löcher in die Höhle und schoben die Rohre hinein. So hatten wir tatsächlich spärliches Licht. Nun trieben wir den Gang weiter voran, unter Baumwurzeln durch, an Baumwurzeln vorbei, immer auf der Suche nach dem unterirdischen Geheimgang. Die Jungs leisteten wirklich Schwerstarbeit.

Aber wir wurden bitter enttäuscht! Nach tagelangem Schuften nichts! Keine Schlossmauern, kein Gang, kein Schatz, nur ein paar Steine. Unsere Fantasie war aber so blühend, dass wir uns vorstellten, dies seien die Überbleibsel der einstigen Schlossanlage.

Eine andere Geschichte ereignete sich, als wir noch wesentlich jünger waren. Ich war vielleicht vier Jahre alt, mein Bruder Ulli sechs oder sieben. Nicht weit von unserem Hause entfernt lebte unser Chauffeur, dessen Glucke um die Osterzeit immer viele Küken hatte. Das brachte Ulli auf eine Idee: „Weißt du was, Irene? Wir nehmen uns jetzt ein paar Küken und wollen sehen, ob sie schwimmen können."

So einfach kamen wir aber nicht an die Tierchen heran. Sie befanden sich nämlich in einer Art Gehege, und mein Bruder musste mit einer kleinen Schaufel unter dem Zaun ein Loch graben. Dann riefen wir mehrmals: „Put, put, put", und schon marschierten die Küken zu uns heraus. Wir nahmen sie in die Hand und gingen um das Haus herum bis zum Kuhstallteich. Vorsichtig setzten wir das erste Küken ins Wasser und beobachteten gespannt, wie es sich verhalten würde. Es zappelte mächtig, kam aber nicht von der Stelle. Auf einmal ließ es das Köpfchen hängen und ging unter. Da fischte mein Bruder es heraus und versuchte es mit dem nächsten. Zu unserer Enttäuschung stellte sich das aber genauso dumm an. Auf diese Weise haben wir fünf oder sechs von den Tierchen ertränkt. Wir hatten keine Ahnung, dass Hühnerküken nicht fürs Schwimmen geboren sind, aber hinterher wussten wir genau, was wir angestellt hatten. Aus Angst vor Bestrafung flüchteten wir zu unserem Stellmacher. Der hatte eine geräumige Werkstatt mit einigen Maschinen, die Krach machten. Wir versteckten uns hinter der Kreissäge. Zu der Zeit wurde ich Puppi genannt, vermutlich, weil ich mit meinem langen Blondhaar wie eine Puppe aussah.

Unser Verschwinden war bald entdeckt worden, und einige der Angestellten wurden mit der Suche beauftragt. So kam man auch zu dem Stellmacher und fragte nach uns. Der Mann hat uns aber nicht verpetzt. Zum Schluss kam noch unser Gärtner und fragte: „Wissen Sie, wo die Puppi und der Ulli sind?“ „Nee“, war seine loyale Antwort.

Allmählich wurde es dunkel, und die Sorge im Herrenhaus wuchs. Vielleicht plagte den Stellmacher langsam auch das schlechte Gewissen, weil er uns so lange versteckt gehalten hatte. Jedenfalls, als mein großer Bruder kam und fragte: „Sind die Puppi und der Ulli nicht hier?“, gab uns der Handwerker heraus. Klaus brachte uns zur Mutter, und wir mussten die ganze Geschichte beichten. Sie sagte nicht viel, aber wir mussten ohne Essen ins Bett. Kurz danach kam der Vater nach Hause, der viel für den Zuchtverband auf Reisen war, und brühwarm erzählte die Mutter von unserer Missetat. Wir mussten wieder aufstehen und ihm die Geschichte von vorne bis hinten berichten. Wir mussten nicht nur eine Strafpredigt samt eindringlicher Belehrung über uns ergehen lassen, sondern bekamen zur Bekräftigung gehörig etwas hinten drauf. Am nächsten Tag aber kam es noch schlimmer. Pro Küken mussten wir sechzig Pfennig bezahlen und uns beim Besitzer entschuldigen. Das war das Schlimmste. Das Geld holten wir locker aus unserer Sparbüchse, in die Großeltern oder

Tanten schon mal ein paar Groschen steckten. Aber das Entschuldigen, das war schrecklich. Zum Glück ging unser älterer Bruder mit, der immer so zuverlässig und vernünftig war und eine Entschuldigung besser formulieren konnte als wir Kleinen. Mit zerknirschten Gesichtern standen wir schließlich vor dem Chauffeur, und Klaus war unser Sprecher. Da der Schaden bezahlt war, wurde uns großmütig verziehen.

Wir drei Geschwister bekamen übrigens kein Taschengeld – das war bei uns nicht üblich. Außer den Zuwendungen von Großeltern und Tanten mussten wir uns das Geld, das wir brauchten, erarbeiten. Meine Brüder verdienten sich so manche Mark durch Botengänge oder bei Jagden als Treiber. Eine andere Möglichkeit war die Meerschweinchenzucht. Meine Eltern hatten jedem von ihnen ein solches Tierchen geschenkt, dem einen ein Weibchen, dem anderen ein Männchen. Die beiden Tiere hatten nichts Angenehmeres zu tun, als sich hemmungslos zu vermehren. Immer wenn ihre Anzahl überhandnahm, wurde ein Teil davon nach Breslau gebracht und an die Universitätsklinik zu Versuchszwecken verkauft. Das war für meine Brüder ein ganz schön einträgliches Geschäft. Heutzutage klingt das schrecklich, aber wir waren es eben gewöhnt, Tiere nicht als Spielkameraden zu sehen.

Für mich hielt die Mutter eine andere Art des Geldverdienens für angemessen. Sie selbst hatte eine große Geflügelzucht, die sie innerhalb des Gutes selbstständig betrieb. Dazu gehörten unter anderem weiße Leghorn. Das waren weiße, dünne Hühner, die ausgesprochen fleißig Eier legten. Als ich zehn Jahre alt war, unterstellte meine Mutter mir eine eigene kleine Hühnerfarm. Das sah so aus: Ich bekam einen eigenen Stall zugewiesen mit einem großen Auslauf. Zu Beginn wurden mir einige Rodeländer zugeteilt. Die Eier, die sie legten, verkaufte ich an meine Mutter – so kam ich zu Taschengeld. Bis zu fünfzehn Hühner durfte ich halten. Da die Rodeländer gute Fleischlieferanten waren, wurden sie zum Teil unfruchtbar gemacht und gemästet und schließlich in Breslau als Spezialität verkauft, was mein Taschengeld weiter aufstockte. Der Grund, warum ich Hühner halten sollte, war von meiner Mutter nicht nur als Mittel gedacht, mir zu Taschengeld zu verhelfen. Ihre Hauptabsicht war, mir schon früh Verantwortung zu übertragen und mich mit allen Arbeitsgängen vertraut zu machen: Brutgeschäft, Fütterung, Mästen,

Verkaufen bis hin zum Schlachten. Aber auch das Stallausmisten gehörte dazu, und das war für mich die unangenehmste Aufgabe. Manchmal bat ich einen der Knechte aus dem Kuhstall, mir dieses eklige Geschäft abzunehmen.

Weihnachten war das Fest, auf das wir das ganze Jahr über hinlebten. Eigentlich bestand Weihnachten für uns aus zwei Festen. Das eine wurde innerhalb der Familie und mit den Dienstboten gefeiert, das andere fand am 6. Januar außerhalb des Hauses statt.

Unser Förster – wir besaßen über tausend Morgen Wald – streifte das ganze Jahr über durch sein Revier auf der Suche nach dem schönsten Baum. Sobald der erste Schnee gefallen war, stapfte mein Vater mit ihm in den Wald, und gemeinsam entschieden sie dann, welcher Baum würdig genug schien, unseren Festsaal zu schmücken. Das war immer ein richtiges Ritual.

Kurz vor Weihnachten wurde der Baum gefällt, in unseren vier Meter hohen Saal gebracht und zwischen den beiden großen Fenstern aufgestellt. Er reichte immer vom Boden bis zur Decke. Geschmückt wurde er meist von meinem großen Bruder. Klaus stieg auf eine Leiter und behängte den Baum von oben bis unten mit Lametta. Das war eine mordsmäßige Arbeit, denn die Lamettafäden wurden einzeln dicht bei dicht aufgehängt. Sie bildeten den einzigen Schmuck, außer den unzähligen Kerzen. Weil oben unter der Decke die Luft wärmer war als unten, bekam mein Bruder immer eine ganz trockene Kehle. Daher rief er: „Gebt mal ein bisschen Bier her, sonst falle ich um.“ Das Bier wurde ihm lachend hinaufgereicht. Die Bescherung begann bei uns bereits am 23. Dezember. Wenn es zu dunkeln begann, versammelten sich die Hofkinder, wie man die Sprösslinge der Arbeiter und Angestellten nannte, im Herrenhaus. Zuerst wurden gemeinsam Weihnachtslieder gesungen, dann verteilten meine Eltern die Geschenke an die etwa sechzig Kinder. Für jedes gab es etwas Praktisches – in einem Jahr war das eine Wollmütze, im anderen Jahr ein Schal oder ein Paar warme Handschuhe. Dazu erhielt aber jedes auch ein Spielzeug. In den Kriegsjahren gab es immer wunderschöne Bastelarbeiten. Seit Kriegsbeginn beherbergten wir nämlich einen Ministerialrat aus Jugoslawien, der uns als Kriegsgefangener zugeteilt worden war, und den konnten wir doch nicht zur Feldarbeit einsetzen. Er war jedoch handwerklich und künstlerisch begabt, und so versorgten wir ihn rechtzeitig im Jahr mit allerlei Materialien, damit er für Weihnachten Spielzeug basteln konnte. Nachdem die Hofkinder mit ihren kleinen Gaben glückstrahlend das Haus verlassen hatten, kamen der Förster, der Inspektor und der Vogt an die Reihe. Sie bekamen eher flüssige beziehungsweise hochprozentige Geschenke oder Zigarren, je nach Vorliebe.

Am 24. Dezember, noch vor Einbruch der Dunkelheit, fand die nächste Bescherung statt. Die Mamsell, die Lehrerin und alle Mädchen, die im Haus angestellt waren, wurden beschenkt. Meist erhielten auch sie praktische Sachen wie zum Beispiel eine Schürze, ein Kopftuch, wollene Strümpfe oder Handschuhe. Bevor unsere Familie an die Reihe kam, bestiegen wir alle den offenen Schlitten und kuschelten uns in die warmen Pelzsäcke. Zwei Pferde wurden vorgespannt, die mit einem prächtigen Geläut behängt waren. Dann ging es die anderthalb Kilometer durch den knirschenden Schnee zur Kirche. Ohne diese Schlittenfahrt und ohne den Gottesdienstbesuch wäre es für mich kein richtiges Weihnachten gewesen.

Nach dem Besuch in der Kirche kamen wir, trotz unserer Pelzsäcke, völlig durchgefroren nach Hause, denn die Kirchen wurden ja damals nicht geheizt. Da half nur eines: Für jede verquirlte Mutter ein rohes Ei mit Zucker und einem kräftigen Schluck Rotwein. Das tat gut und weckte die Lebensgeister. Das gab es immer, wenn wir im Winter von der Kirche kamen, also nicht nur an Weihnachten. Dieses Getränk war so lecker, dass Ulli und ich auch gerne zu anderen Jahreszeiten davon naschten. Das brachte meinen Bruder auf eine glorreiche Idee. Wenn alle Hühner im Hof waren, schlichen wir uns bisweilen zu ihrem Stall und angelten mit einem Stock nach den Eiern, die auf dem Stallboden lagen, also nicht ordnungsgemäß ins Nest gelegt worden waren. Hatten wir Beute gemacht, zogen wir uns damit ins Haus zurück und stibitzten von der Anrichte im Speisesaal die Flasche mit dem Rotwein. Dann rührten wir selbst dieses köstliche Rotwein-Eier-Getränk zusammen. Da muss ich etwa vierzehn gewesen sein.

Aber zurück zu unserem Weihnachtsfest. Nachdem sich jeder gestärkt hatte, warteten wir auf die Bescherung. Endlich ertönte der silberhelle Klang der Weihnachtsglocke. Wir Kinder stürmten in den Saal und blieben wie gebannt vor dem prächtigen Baum stehen. Da sich das Licht der zahllosen Kerzen in den unzähligen Lamettafäden spiegelte, sah es aus, als ob sich ein gleißender Wasserfall von oben nach unten über den Baum ergießen würde. Dieses Schauspiel überraschte uns jedes Jahr aufs Neue. Die Gabentische auf beiden Seiten des Raumes waren mit weißen Tüchern bedeckt, damit keines von uns Kindern auf die Idee kam, sich sofort auf die Geschenke zu stürzen.

So weit ich zurückdenken kann, lief es am Heiligen Abend immer sehr gesittet und nach festgelegtem Ritual ab. Der Vater trat vor den Baum mit der alten Familienbibel in der Hand und las daraus mit seiner warmen, wohltönenden Stimme die Weihnachtsgeschichte vor. Dann sangen wir alle zusammen einige Weihnachtslieder, wobei wir immer unruhiger wurden. Wenn es dann endlich hieß: „Frohe Weihnachten", durften wir uns auf die Geschenke stürzen. Stets war auch für uns etwas Nützliches dabei, ein Kleidungsstück, ein paar Schuhe, Unterwäsche. Dazu gab es für mich mal eine Puppe, mal eine Puppenküche oder Ergänzungsmobiliar. Als ich älter wurde, bekam ich meist Bücher geschenkt. Das war alles wirklich wunderschön, und wir Kinder genossen jedes einzelne der harmonischen Weihnachtsfeste im Schoß der Familie.

Aber das war alles nichts gegen das, was noch kommen würde. Das größte und interessanteste Fest für uns fand nach Weihnachten statt, wenn die eigentliche Weihnachtszeit vorbei war. Das war am 6. Januar, dem Dreikönigstag. Ebenso mühsam, wie der Baum geschmückt worden war, wurde er auch wieder abgeschmückt. Dabei waren wir Geschwister alle mit von der Partie. Manchmal half auch noch eines der Hausmädchen. Die Lamettahaare wurden fein säuberlich der Länge nach in Seidenpapier gelegt, eingewickelt und in Schachteln verpackt für das nächste Jahr. Die Kerzenstümpfe wurden aus ihren Haltern gelöst, ehe man diese verpackte. Sodann wurde eines der großen Fenster geöffnet und der Baum mit viel Hurra hinausgeschmissen. Unten waren schon alle Hofkinder versammelt und nahmen mit Jubelgeschrei den Baum in Empfang. Sie schleppten und zerrten ihn hinter das Herrenhaus zu einem der Teiche. Da bei uns die Winter sehr kalt waren, hatten die Gewässer im Park meist schon zu Anfang Januar eine Eisdecke von vierzig bis fünfzig Zentimetern. In das Eis des größten Teiches wurde nun ein Loch gehackt, groß genug, dass der Stamm des Baumes hineinpasste. Nach kurzer Zeit war das Loch wieder zugefroren, und der Baum saß bombenfest. Die von Weihnachten übrig gebliebenen Kerzenstummel wurden in Nussschalenhälften gesetzt und überall auf dem

Eis verteilt. Ein Radio wurde herbeigeschleppt, und dann ging es bei Musik hoch her. Es war ein richtiges Kinderfest auf dem Eis. Alle hatten wir Schlittschuhe an den Füßen und liefen wie verrückt auf dem Eis herum – „Schlittschuhfangen" nannten wir das. Es ging wild um den Baum herum und in etwas eleganteren Kurven zwischen den flackernden Lichtchen hindurch. Dabei ist einmal ein böses Unglück passiert. Ein Junge wollte mich fangen und verfolgte mich über eine längere Strecke. Weil ich sehen wollte, wie dicht er mir schon auf den Fersen war, wandte ich mich um. Er aber hatte einen Stock in der Hand, den er genau in dem Moment nach mir warf. Dabei traf er mich im linken Auge. Es hat furchtbar geschmerzt, und ich musste vierzehn Tage eine schwarze Augenklappe tragen, aber es hätte schlimmer kommen können.

Schlittschuh liefen wir nicht nur an diesem besonderen Fest, sondern den ganzen Winter hindurch, solange das Eis fest genug war. Für uns war das Eis ein Vergnügen, für die Fische jedoch bedeutete es eine Gefahr, weil der Sauerstoffgehalt im Wasser zu gering werden konnte. Aus diesem Grunde pflegte unser Gärtner ein großes Loch ins Eis zu hauen, und dort hinein warf er einen Ballen Stroh, sodass Luft ins Wasser gelangen konnte. Wenn dieses Loch wieder leicht zugefroren war, erlaubten sich meine Brüder einen besonderen Spaß – sie sprangen mit Schlittschuhen darüber. Und ich, als Jüngste, musste alles machen, was sie von mir verlangten. Nun kam ich an die Reihe, ich war etwa fünf Jahre alt, nahm einen Anlauf – so wie man mir das vorgemacht hatte –, sprang ab und landete mitten in dem Loch. Um ein Haar wäre ich ertrunken. Mit vereinten Kräften gelang es meinen Brüdern, mich aus dem eisigen Wasser zu ziehen, bevor ich unter die Eisdecke abglitt. Was tun mit einem kleinen Mädchen, dessen Kleider bei klirrender Kälte bis auf die Haut durchnässt sind?

Die Brüder hatten ein mächtig schlechtes Gewissen und wollten auf keinen Fall mit mir ins Haus. Verständlicherweise hatten sie Angst, dass sie ausgeschimpft würden. Der jüngere Bruder hatte wieder eine seiner glorreichen Ideen. „Du setzt dich jetzt hier auf den Baum. Da scheint die Sonne hin, da trocknest du." Was sollte ich machen? Ich gehorchte. Zusammengekauert wie ein Spatz hockte ich auf dem umgefallenen dicken Baum und schlotterte vor Kälte. Meine Haare, die weit über die Schulter hinabhingen, gefroren ganz schnell zu Eiszapfen. Meine Kleidung wurde zusehends steifer, und ich klapperte mit den

Zähnen. Mir ist es, als hörte ich noch heute die Stimme meines älteren Bruders, der immer ein Beschützer für mich war: „Komm, Puppi, wir gehen jetzt rein. Du musst in die Wärme."

Da meine Glieder inzwischen ebenfalls steif geworden waren, half er mir beim Aufstehen. Er nahm mich an der Hand und führte mich – ohne Rücksicht auf die Folgen für sich selbst – zur Mutter. Diese steckte mich sofort in die heiße Wanne. Mein jüngerer Bruder, der immer dummes Zeug anstellte, der alles auseinandernahm und nichts wieder zusammensetzen konnte, blieb unten an der Treppe stehen. Von dort beteuerte er immer wieder: „Ich war's aber nicht. Ich war's aber nicht." Das habe ich noch heute im Ohr. Das eisige Bad im Teich blieb für mich zum Glück ohne irgendwelche Folgen, keine Lungenentzündung, noch nicht einmal eine Erkältung.

Damals gab es kein ausgeprägtes soziales System wie heute. Auf den Gütern war es noch üblich, dass die Herrschaften sich für ihre Angestellten verantwortlich fühlten. Aber es war von beiden Seiten ein Geben und Nehmen. Der Gutsherr war daran interessiert, dass seine Arbeiter zufrieden waren, damit der Betrieb blühte, und die Arbeiter ihrerseits waren bemüht, sich für das Wohlergehen des Ganzen einzusetzen, denn das sicherte ihre Arbeitsplätze und damit ihre Existenz.

Dieses Wissen wurde uns Kindern schon früh beigebracht. Es gab immer wieder Anlässe, bei denen der Gutsherr seinen Leuten seine Dankbarkeit beweisen konnte, und der wichtigste war das Erntedankfest. Jedes Jahr, wenn die Ernte eingebracht war, Anfang Oktober, wurde es gefeiert. Bei diesem Fest dankte man nicht nur Gott für die reichlichen Gaben, man bewies auch seinen Angestellten seine Dankbarkeit für den geleisteten Arbeitseinsatz. Deshalb wurde das Erntedankfest richtig groß aufgezogen. Es gab ein gutes Essen, reichlich Wein und Bier, Musik und Tanz. Vorher war natürlich alles festlich geschmückt worden mit Tannengrün und bunten Bändern.

Meine Eltern bestanden darauf, dass auch wir Kinder die weiblichen Angestellten zum Tanz aufforderten, denn die Männer tanzten nicht gern. Wir hüpften zwar nur herum, aber mein Vater betonte immer wieder: „Das ist das Fest für die Leute. Ihr müsst sie bewegen, ihnen muss es Spaß und Freude machen." Manchmal denke ich, sie hätten genauso gut oder vielleicht sogar besser getanzt, wenn sie unter sich geblieben wären. Trotzdem sahen sie es als Ehre an, dass die Herrschaften und deren Kinder mit ihnen tanzten. Überhaupt haben sie meinem Vater seine Fürsorge mit großer Treue und Verehrung gedankt und diese Liebe und Anhänglichkeit auch auf uns Kinder übertragen. Das zeigte sich noch viele Jahre nach dem Krieg, nachdem es unser Gut längst nicht mehr gab und seine ehemaligen Bewohner in alle Winde zerstreut waren.

Eine solch treue Seele war Emma, unsere Mamsell. Vierzehn Jahre lang stand sie unserer Küche vor. Ihr oblag es, täglich für zwölf bis fünfzehn Personen zu kochen – wenn Gäste kamen, für entsprechend mehr. Zum Gemüseputzen, Kartoffelschälen und zum Abwaschen stand ihr selbstverständlich ein Küchenmädchen zur Seite. Nachdem der Krieg schon einige Zeit währte und alles streng rationiert war, wunderte sich mein Vater, dass der Fettgehalt der Milch, die er abliefern musste, so gering war. Meine Mutter hätte ihm dieses Phänomen erklären können, aber aus gutem Grund schwieg sie. Von ihrem Boudoir im ersten Stock konnte sie alles beobachten, was sich auf dem Hof abspielte. Ihr fiel auf, dass die Mamsell immer wieder heimlich in den Kuhstall schlich. Anfangs konnte sich meine

Mutter keinen Reim darauf machen. Bald kam sie jedoch dahinter, was die Mamsell so ängstlich unter ihrem Tuch verbarg. Die treue Person schöpfte immer von dem Rahm ab, bevor die Milch abgeliefert wurde. Dieser Rahm kam niemand anderem zugute als unserer Familie.

Ein anderer Anlass, mit den Bediensteten zu feiern, waren natürlich Jubiläen. So wurde zum Beispiel die Zweihundertjahrfeier des Gutes begangen, als ich noch ein kleines Kind war. An diesem Fest nahmen nicht nur alle Hausangestellten und alle Feldarbeiter teil, sondern auch sämtliche selbstständigen Bauern des Dorfes. Dabei ergab es sich, dass der größte Bauer neben meine Großmutter zu sitzen kam. Man speiste im Festsaal, an dessen Wänden ringsum Ölbilder unserer Vorfahren hingen. Menke ließ seinen Blick durch den Raum und über die Gemälde schweifen. Schließlich betrachtete er angelegentlich das Gemälde, das ihm direkt gegenüberhing. Nachdem er es eine Weile wohlwollend betrachtet hatte, wandte er sich an meine Großmutter: „Gnädige Frau, wer ist denn diese schöne Person?“ „Aber Herr Menke, erkennen Sie das nicht? Das bin doch ich.“ „Och – das muss aber schon sehr lange her sein“, kam es bedächtig aus seinem Mund.

Bei uns gab es aber nicht nur Spiel und Spaß,

bei uns herrschte auch der Ernst des Lebens. Zunächst besuchten meine beiden Brüder unsere kleine Dorfschule gemeinsam mit den Kindern unserer Arbeiter und denen der selbstständigen Bauern. Der Lehrer dieser einklassigen Schule war Herr Lösche. Nach vier Jahren Grundschule, wie man heute sagen würde, wechselten meine Brüder über in die Kreisstadt Trebnitz aufs Gymnasium. Sie wurden also Fahrschüler, wie es die beiden Töchter des Lehrers bereits waren.

Warum man mich nicht im Alter von sechs Jahren in die Dorfschule geschickt hat, weiß ich nicht. Ich jedenfalls wurde zu Hause unterrichtet, von wechselnden Lehrerinnen oder auch mal von einem Lehrer. Das war furchtbar langweilig. Nicht nur, dass ich ganz allein war, ich lernte auch nicht viel. Es war ja kein Anreiz zum Lernen da, weil die Konkurrenz fehlte.

Warum ich im Alter von zehn Jahren nicht aufs Gymnasium geschickt wurde, dafür gab es allerdings einen triftigen Grund. Meine Eltern schlossen diese Möglichkeit für mich kategorisch aus, weil eine der beiden Töchter unseres Dorfschullehrers, die täglich nach Trebnitz zum Gymnasium fuhren, plötzlich schwanger wurde. Verursacher war ein Mitschüler, Tatort angeblich der Zug. Damit mir so etwas auf keinen Fall passieren konnte, durfte ich nicht aufs Gymnasium und wurde weiterhin zu Hause unterrichtet. Um eine Kontrolle darüber zu haben, ob ich überhaupt den Anforderungen des Lehrplans entsprach, musste ich jedes Jahr für acht Tage nach Breslau in eine öffentliche Schule. In dieser Zeit wohnte ich mit den anderen Mädchen im Internat und nahm am regulären Unterricht teil. Zusätzlich musste ich in der Zeit, wenn die anderen Sport oder Religion hatten, alleine Klassenarbeiten schreiben. Auch mündlich wurde ich ganz schön in die Mangel genommen.

Den Anforderungen habe ich zwar immer genügt, dennoch war es entsetzlich für mich, und jeden Morgen musste ich mich vor dem Unterricht vor Aufregung übergeben.

Als ich fünfzehn wurde, hielt man den Zeitpunkt für gekommen, mich auf eine richtige Schule zu schicken. Aber Fahrschülerin sollte ich in diesem Alter erst recht nicht werden. Meine Mutter forderte Prospekte von drei Internatsschulen an, und ich durfte entscheiden. Eine dieser Schulen war in Altenburg, die zweite in Heiligengrabe. Beide wären gar nicht so weit von uns weg gewesen, aber beide Institute hatten den Ruf, sehr streng zu sein. Also kamen sie für mich nicht infrage. Die dritte Schule befand sich bei Heidelberg, und ausgerechnet für die am weitesten entfernt liegende Schule entschied ich mich. Es waren achtzehn Stunden Bahnfahrt, um dorthin zu gelangen. Das Internat war eine noch sehr junge Einrichtung. Im Jahr 1926 hatte eine junge Adelige aus Ostpreußen, Elisabeth von Thadden, die Gelegenheit gehabt, in der Nähe von Heidelberg ein Schloss zu pachten. Darin hatte sie im Jahr darauf das „Evangelische Landerziehungsheim Schloss Wieblingen" eröffnet. Ihr Leitgedanke war, junge Mädchen in „klarem evangelischen Bewusstsein" zu erziehen und sie „streng und gerecht zu selbstständig denkenden, emanzipierten Frauen" heranzubilden. Darüber hinaus war Elisabeth von Thadden eine Anhängerin der Reformpädagogik. Dieses Gymnasium schien mir toleranter und offener als die beiden anderen zu sein. Meine Mutter meldete mich also dort an und brachte mich selbst hin.

In der Schule waren wir fünf Freundinnen, die besonders eng zusammenhingen und auch heute noch lebhaften Kontakt pflegen. Wir nannten uns „das Klümpchen". Wir klebten wirklich wie ein Klumpen zusammen. Anfangs kam ich mir in dieser Schule jedoch sehr verloren vor. Ziemlich frei erzogen, musste ich mich mit einem Mal in Regeln und eine feste Ordnung fügen. Hinzu kam, dass ich zu Beginn unter den vielen Wissenslücken litt, die der jahrelange private Unterricht verursacht hatte. Schon allein die falsche Aussprache in Englisch! Wenn ich etwas in dieser Sprache vorlesen sollte, brüllte die ganze Klasse vor Lachen. Natürlich hat mir das sehr wehgetan.

Wir hatten eine ganze Reihe von Diplomatentöchtern auf der Schule. In meiner Klasse gab es zum Beispiel die Engländerin Jean Percy. Sie ist mir deshalb so gut in Erinnerung geblieben, weil sie ihre Liebe zu Deutschland mit einem besonderen Ritual bewies. Jeden Abend trat sie auf den Balkon und rief in die Nacht hinaus: „Gute Nacht, Deutschland! Schlaf gut, Deutschland!"

Außerdem waren da noch zwei persische Prinzessinnen: Hamushid und Hamadan. Da die ausländischen Mädchen während des Krieges keine Pakete bekamen, sollten auch wir anderen zumindest keine Süßigkeiten für uns behalten. Wenn ein Paket von zu Hause eintraf, musste man es unter den Augen einer Lehrerin auspacken. Es wurde durchwühlt, und alles, was an Süßigkeiten darin war, weggenommen. Alles Naschwerk wurde gesammelt für den „gemeinsamen Abend", der einmal im Monat stattfand.

Die ganze Klasse setzte sich dann mit Thadden, wie wir unsere Lehrerin ein wenig respektlos, aber dennoch liebevoll nannten, zusammen. Entweder las sie uns dabei Klassiker vor, oder wir machten Handarbeiten, wobei wir uns zwanglos unterhielten. Zwischendurch wurden auf einer Silberschale die Süßigkeiten herumgereicht.

Einmal, es war an meinem Geburtstag, hatte ich von zu Hause ein Paket bekommen mit zwei Tortenböden darin und zwei Konservendosen mit Pfirsichhälften. Diese Sachen brauchte ich nicht abzuliefern. Um meinen Geburtstag mit meinen Freundinnen gebührend feiern zu können, wollte ich diese Böden belegen und mit Guss versehen. Nun war unserem Gymnasium eine Art Wirtschaftsschule angegliedert, in der junge Mädchen die Fertigkeiten erlernten, die man zur Haushaltsführung brauchte. Deshalb gab es dort eine Küche. In dieser wollte ich mit meiner Zimmergenossin Ursula die Torten fertig machen. Ehe wir ans Werk gingen, packte mich der Schalk. Wir verbreiteten eifrig das Gerücht, bei uns beiden sei die Versetzung gefährdet, und deshalb müssten wir auf die Frauenschule überwechseln. Wir besaßen sogar die Dreistigkeit, uns in unserer Klasse freizunehmen und in der Nachbarschule am Turnunterricht teilzunehmen.

Das verbreitete sich wie ein Lauffeuer, und die Schule stand Kopf. Es drang sogar bis zum Direktor durch, der unsere Noten im Kopf hatte und wusste, dass da etwas faul war. Wutentbrannt rannte er zu Thadden, aber die reagierte wunderbar gelassen, als sie uns zur Rede stellte. „Warum habt ihr denn das gemacht?", fragte sie in ihrer ruhigen Art. „Ihr habt ja die ganze Schule auf den Kopf gestellt." Darauf erwiderte ich zerknirscht: „Das hat sich so angeboten. Wir wollten auch mal was anderes erleben." Sie hat uns nicht einmal geschimpft, nur den leichten Vorwurf geäußert, wir hätten alle durcheinandergebracht. Dann sagte sie noch: „Aber – ich muss gestehen, ihr habt so gut Theater gespielt, dass wir es alle geglaubt haben." Wir haben von ihr also noch ein Lob bekommen für unsere Missetat!

Nach einigen Monaten meines Aufenthaltes in Wieblingen wurde die ganze Schule nach Oberbayern verlegt. Im Heidelberger Raum war es wegen der Bomben nicht mehr sicher. Deshalb wurde von der Schulleitung ein Hotel angemietet in Tutzing am Starnberger See. Dort verbrachte ich weitere eindreiviertel Jahre. Trotz des Krieges war unsere Ernährung gut. Bei uns wurden sogar schon tiefgefrorene Lebensmittel verwendet. Für die Schülerinnen gab es immer

Vollkornbrot, nur Thadden bekam Weißbrot, weil sie ein Gallenleiden hatte. Da ich mit Brüdern groß geworden war, denen immer etwas Spannendes einfiel, war es mir manchmal unter den braven Mädchen zu langweilig. Also fragte ich: „Wollen wir uns nicht heute Abend in der Küche treffen und sehen, was wir da ergattern können?"

Gesagt, getan, wir trafen uns in der großen Hotelküche. Der riesige Kohleherd war noch warm, und plötzlich rief eine: „Mensch, hier ist Weißbrot!" Wir schnitten einige Scheiben herunter, ohne daran zu denken, dass es Thaddens Brot war, und legten sie zum Rösten auf die noch heiße Herdplatte, vergaßen jedoch, sie rechtzeitig zu wenden. Deshalb waren die Scheiben auf einer Seite verbrannt. Also nahmen wir kurzerhand einen Ring aus der Herdplatte und warfen das Brot in die Glut. In diesem Moment stand Thadden in der Tür. Sie war damals etwa fünfzig Jahre alt, eine strenge, aber liebevolle Person. Sie schimpfte nicht, sagte gar nichts, kam ganz leise an den Ofen und fragte: „Was macht ihr denn hier?" Als wir schwiegen, deutete sie auf das in der Glut verkohlende Weißbrot. Sie verlangte, dass wir es mit der Herdzange herausfischten. Noch immer kam kein böses Wort von ihr. Sie sagte nur: „Kommt doch bitte mal in mein Zimmer und bringt das Brot mit."

Wir Mädchen, etwa zehn an der Zahl, folgten ihr im Gänsemarsch. Wie begossene Pudel standen wir dann vor ihrem Schreibtisch.

Als Erste sprach sie mich an: „Irene, wo ist dein Vater?" „In Russland."

„Brigitte, wo sind dein Vater und dein Bruder?" „In Russland."

„Luise, wo ist dein Vater?" „In Russland." So ging sie die ganze Reihe durch. Alle Väter befanden sich, mit wenigen Ausnahmen, an der Front in Russland.

Thadden nahm das verkohlte Brot in die Hand und sagte: „Eure nächsten Angehörigen haben im Moment vielleicht kein Brot, und ihr habt dieses Brot in die Glut geworfen. Zur Strafe esst ihr es jetzt vor meinen Augen auf."

Das war Thadden!

Im Jahr 1940 geriet ihre Schule in das Blickfeld der Gestapo. Man drohte, die Schule zu schließen „wegen staatsgefährdender Umtriebe". Was hatte Thadden verbrochen? Neben den adeligen Töchtern und den Diplomatenkindern hatte sie immer wieder, entgegen entsprechender Erlasse, jüdische Schülerinnen in ihrem Institut aufgenommen, notfalls sogar zu ermäßigtem

Pensionspreis. Weitere „Vergehen“ waren, dass sie keine Hitlerbilder aufhängte und dass sie in ihren Morgenandachten nach wie vor Psalmen, also Texte aus dem Alten Testament, der Bibel der Juden, las. Außerdem machte sie aus ihrer Abneigung gegenüber Hitler im Unterricht kein Geheimnis.

Aufgrund der massiven Drohungen verlegte Elisabeth von Thadden die Schule wieder zurück nach Wieblingen. Sie dachte wohl, hier an der Stätte ihres ersten Wirkens werde man sie in Ruhe lassen, doch sie hatte sich geirrt. Die Schule wurde verstaatlicht, sie selbst ohne Bezüge vom Dienst suspendiert. Für eine Weile verlor ich Thadden aus den Augen. Drei Jahre später wollte ich sie zu meiner Hochzeit einladen. Da erfuhr ich, dass sie sich im Konzentrationslager Ravensbrück befand, nachdem sie Anfang Januar 1944 von der Gestapo verhaftet worden war. Sie hatte nie ein Hehl daraus gemacht, dass ihre Lebenseinstellung auf dem Fundament des Christentums basierte, aber dann beging sie den „Fehler“, politische Teegesellschaften zu geben. Dort gemachte Äußerungen wie die, dass man nach Beendigung des Krieges ein gut funktionierendes Hilfswerk brauchen würde, wurden ihr zum Verhängnis. So etwas galt als „Zweifel am

Endsieg“ und war damit eine Art Hochverrat. Doch Thadden stand zu ihrer Gesinnung. „Ich mache aus meiner Seele keine Mördergrube“, hat sie einmal gesagt. Sie wurde zum Tod verurteilt und am 8. September in Berlin-Plötzensee enthauptet. Neben meiner Mutter war es diese geradlinige Frau, die mich entscheidend für mein Leben geprägt hat. Durch diese beiden Frauen wurde ich das, was ich bin. Sie gaben mir das Rüstzeug mit, das mich in den schwierigsten Situationen meines Lebens durchhalten ließ.

Mit siebzehn machte ich das Einjährige und verließ die Schule. Ein halbes Jahr lang blieb ich zu Hause und lernte bei unserer Mamsell Kochen. Meine Mutter vertrat nämlich den Standpunkt: „Ehe man heiratet, muss man Kochen lernen, denn Liebe geht durch den Magen.“

Nachdem die Mamsell mir alles Notwendige beigebracht hatte, wurde sie in Urlaub geschickt. Dann lud meine Mutter pausenlos Gäste ein, die ich bekochen musste. Nachdem ich das schließlich ganz gut konnte, bestand Mutter darauf, dass ich für ein halbes Jahr nach Breslau in das Weinrestaurant Hansen ging, das wir seit Jahren mit Wild und Geflügel belieferten und zu dessen Besitzern auch irgendwelche verwandtschaftlichen Beziehungen bestanden. Dort sollte ich jedenfalls die Fertigkeiten einer „Kalten Mamsell“ lernen, also das Anrichten, Garnieren und Servieren. Weil meine Mutter fand, dass ich damit nicht voll ausgelastet war, organisierte sie für mich noch einen Kurs in Porzellanmalerei und Unterricht bei einer Schneiderin, die mir die Grundbegriffe ihres Handwerks beibrachte.

Ich wohnte damals bei einer Tante am anderen Ende von Breslau. Von dort musste ich mit der Straßenbahn kreuz und quer durch die Stadt fahren, um an meine diversen Arbeitsplätze zu gelangen. Während dieser Straßenbahnfahrten habe ich einmal etwas Erschütterndes erlebt. Zu Hause wie auch in der Schule war ich nicht nur zu Höflichkeit und Hilfsbereitschaft erzogen worden, sondern auch zu einer festen Haltung gegenüber dem Nationalsozialismus. Eines Tages beobachtete ich, wie eine alte Dame, sehr gut aussehend, im schwarzen Mantel mit Pelzkragen, einstieg. Ich sprang auf, um ihr meinen Platz anzubieten. Sie aber schüttelte den Kopf: „Nein, vielen Dank.“

„Nehmen Sie doch bitte Platz“, nötigte ich sie. „Ich muss sowieso bald aussteigen. Setzen Sie sich also ruhig.“

„Nein“, blieb sie beharrlich. „Ich darf mich

nicht setzen." Da erst schaute ich sie genauer an und entdeckte den Judenstern. Hautnah hatte ich in diesem Moment die menschenverachtende Ideologie des nationalsozialistischen Regimes erlebt.

Doch trotz Krieg und Elend versuchte man als junges Mädchen, seinen Spaß zu haben. Eines Tages sprach mich in der Straßenbahn ein Herr an, der wohl auch immer zur gleichen Zeit fuhr. Es war Winter, ich hatte einen Pelz an und sah offensichtlich so aus, als ob ich aus besseren Kreisen stammte. Plötzlich fragte mich dieser Herr: „Darf ich Ihre Karte dem Schaffner weiterreichen?" Er durfte, und er reichte sie mir auch wieder zurück. Wie immer stieg ich am Zwingerplatz aus. Der Herr stieg ebenfalls aus und sprach mich an: „Schon seit Langem beobachte ich, dass Sie immer zum ‚Hansen' gehen. Was machen Sie dort? Der hat doch um diese Tageszeit zu." Mir lag nur daran, diesen Menschen schnell wieder loszuwerden, deshalb antwortete ich: „Das haben Sie richtig beobachtet. Ich bin dort die Kalte Mamsell."

Das muss ihn sehr erschüttert haben. Er hat mich nie wieder angesprochen. Offensichtlich war es unter seiner Würde, mit einer Kaltmamsell anzubandeln.

Es gibt noch eine nette Geschichte aus dieser Zeit. Neben „Hansen“ befand sich die Oper, und nach der Vorstellung pflegten die Künstler gerne bei uns einzukehren. Es wurde „Don Carlos“ gegeben. Herr Petermann, unser Oberkellner, sagte zu mir: „In Zimmer sieben ist eine Runde von Schauspielern zum Essen. Da können Sie sich ein Autogramm geben lassen.“ „Ach, nein“, wehrte ich ab. „ Autogramme sammeln finde ich albern.“

„Dann holen Sie eben für mich eines.“ Damit drückte er mir einen Zettel nebst Stift in die Hand und schob mich mit einer kalten Platte in besagten Raum. Dort stand ich unverhofft Willy Birgel gegenüber, der seinerzeit den jugendlichen Liebhaber in vielen Filmen spielte und der Schwarm unzähliger junger Mädchen war. Ich stand vor ihm wie Pik sieben und kam mir unheimlich blöd vor. Stumm reichte ich ihm Stift und Zettel. Er musterte mich von oben bis unten und von unten bis oben. Er stand nicht auf, schrieb sein Autogramm auf den Zettel und reichte ihn mir kommentarlos zurück. Ich war verärgert über ihn und über mich und verließ grußlos das Zimmer. „Hier haben Sie Ihr blödes Autogramm“, rief ich dem Oberkellner zu und drückte es ihm in die Hand.

Bereits im Alter von vier Jahren hatte ich den Wunsch, Krankenschwester zu werden. Woher dieser Wunsch kam, weiß ich nicht mehr. Es mag daran liegen, dass meine Mutter davon erzählt hatte, dass sie im Ersten Weltkrieg als Krankenschwester tätig war. Jedenfalls, wo immer es etwas zu pflegen galt, war ich zur Stelle.

Mein interessantester Fall war ein Jungstorch. Unser Schloss hatte zwar keine Türmchen, aber es gab eine Scheune mit einem hohen Dach, auf dem sich ein Storchennest befand. Elternvögel können manchmal grausam sein, denn alles, was ihnen nicht lebensfähig erscheint, werfen sie aus dem Nest. So fand ich eines Abends einen jungen Storch auf dem Boden unterhalb des Nestes. Damals war ich etwa zwölf. Ich hob das armselige Häufchen auf und untersuchte es gründlich. Beinbruch war meine Diagnose. Sofort lief ich zum Stellmacher und ließ mir zwei ziemlich gerade Stäbe geben. Damit schiente ich das Bein von rechts und von links und umwickelte es gut. Dann verlangte ich von meinem Vater, dass der Jagdhund seinen Zwinger für meinen Storch räumen musste, denn das schien mir der einzig sichere Aufenthaltsort zu sein. Niemand sollte meinen wehrlosen Patienten angreifen können. Der Hund kam also raus, der Storch rein. Nun brauchte mein Pflegling ja auch etwas zu fressen. Bei der Futterbeschaffung war ich weitgehend auf mich gestellt, denn meine Brüder, bereits auf dem Gymnasium, verbrachten nur wenig Zeit zu Hause. Aus unseren Teichen fing ich Frösche und Fische. Diese servierte ich meinem Storch lebendig in einer Wanne mit Wasser, die mir meine Mutter zur Verfügung gestellt hatte. Dabei gedieh er prächtig, und bis zum Herbst war er wieder so weit hergestellt, dass er mit seinen Artgenossen in den Süden fliegen konnte.

Mein Traumberuf war also Krankenschwester, genauer gesagt Säuglingsschwester. Andererseits war ich genau in dem Alter, in dem ich zum Arbeitsdienst musste. Meine Mutter, die sehr gegen Hitler eingestellt war, konstatierte: „Was willst du Arbeitsdienst machen? Da musst du nur Gräben ausheben. Geh stattdessen lieber ein Jahr auf ein Gut, da lernst du etwas fürs Leben." Dieser Vorschlag war insofern praktisch gedacht, da, wie die Dinge damals lagen, davon auszugehen war, dass ich ebenfalls mein Leben auf einem der großen Güter verbringen würde.

Bei meinem Onkel, dessen Gut ein Lehrbetrieb war, sollte ich dieses Jahr verbringen. Im Gegenzug dafür verbrachte dessen Tochter, also meine Cousine, ihr praktisches Jahr bei uns. Sie war zu

Hause das einzige Kind und sollte später den elterlichen Besitz übernehmen. Am Anfang erging es mir noch recht gut. Da habe ich nur im Büro gesessen, mit dem Inspektor zusammen. Mein Onkel war längst eingezogen worden, und der gute Inspektor führte mich in die Geheimnisse des Buchführens und der Lohnabrechnung ein. Im zweiten Halbjahr, das war im Sommer, ging es dann zur Sache. Mit den Frauen musste ich im Akkord auf dem Feld arbeiten. Sehr schlimm war das Rübenvereinzeln, im Mai unter brennender Sonne, und alles in gebückter Haltung. Noch schlimmer war das Flachsraufen Ende August, ebenfalls im Akkord. Da holte ich mir immer wieder blutige Finger. Ich war aber so ehrgeizig, dass ich dachte: Was die anderen schaffen, das schaffst du auch. Zu allen anderen Erntearbeiten wurde ich ebenfalls herangezogen.

Während dieses Lehrjahres verlebte ich auch das eine oder andere Wochenende zu Hause. Nach einem solchen freien Wochenende brachte mich meine Mutter einmal zu meinem Lehrbetrieb zurück. Danach fuhr sie mit dem Kutscher weiter zur Kreisstadt, um Besorgungen zu machen. Sie war furchtbar unruhig an diesem Tag wegen meines Bruders, obgleich sie regelmäßig Post von ihrem im Krieg weilenden Ältesten erhielt. Sie war so nervös, dass sie auf der Rückfahrt den Kutscher bat: „Setzen Sie sich nach hinten, ich kutschiere selbst. Ich muss was tun."

Sie saß also auf dem Kutschbock und kam durch ein Dorf, als sie plötzlich ganz laut jemanden „Mutti" rufen hörte. Sofort hielt sie die Pferde an und wandte sich an den Kutscher: „Hartmann, haben Sie nicht eben jemanden ganz laut ‚Mutti' rufen hören?"

„Nein."

Sie stieg aus, ging um die Kutsche herum und sah nichts außer ein paar Sträuchern am Wegrand. Beunruhigt fuhr sie weiter, kam nach Hause und erzählte meinem Vater davon. Kurz danach verreisten meine Eltern. Wenige Tage später rief mich die Cousine an, die bei uns ihr Praktikum machte. Sie teilte mir mit, dass mein Bruder gefallen sei. Meine Tante schickte mich gleich mit einem Kutscher nach Hause. Auch meine Eltern trafen bald ein. Später erfuhren wir, dass mein Bruder einen Zug mit drei Panzern geführt und gerade mit seinem Vetter, der nur einige Kilometer von ihm entfernt war, in Funkverbindung gestanden hatte, als ihn das feindliche Geschoss traf. Deshalb konnte uns mein Vetter genau sagen, um welche Uhrzeit mein Bruder gefallen war. Es ist exakt die Minute gewesen, in der meine Mutter auf dem Kutschbock den Ruf „Mutti" vernommen hatte.

Nachdem ich mein landwirtschaftliches Jahr abgeleistet hatte, konnte ich endlich mit der Ausbildung zu meinem Wunschberuf beginnen. Meine Mutter hatte für mich das Martin-Luther-Krankenhaus in Hirschberg im Riesengebirge ausfindig gemacht. Dort sollte ich zwei Jahre lernen. Bevor ich aber die Ausbildung zur Säuglingskrankenschwester beginnen konnte, musste ich erst die allgemeine Krankenpflege lernen. Zu dieser Zeit, 1942/1943, waren die meisten Pfleger eingezogen und auch viele Schwestern an der Front verpflichtet. Deshalb herrschte ein erheblicher Mangel an Pflegepersonal, und so musste ich einmal acht Wochen hintereinander Nachtdienst machen, was sehr nervenaufreibend war.

Während dieser Zeit arbeitete ich meist auf der Entbindungsstation. Die erste Entbindung, die ich miterlebte, die erste Entbindung meines Lebens überhaupt, war ganz furchtbar, und ich war für lange Zeit geschockt. Es war bei uns so, dass die Frauen, die in unserem Haus entbinden wollten, sich lange vorher anmelden mussten. Infolge des Kriegsgeschehens war das Krankenhaus so stark belegt, dass wir gar nicht alle aufnehmen konnten. Nun gab es aber Frauen, die versuchten, die Aufnahme zu erzwingen. Sie kamen deshalb in letzter Minute, wohl wissend, dass wir im Notfall niemanden wegschicken durften.

Es war spät abends, da läutete es wieder einmal an der Pforte. Eine Frau stand davor mit einem Riesenleib. Sie erklärte, dass sie Fruchtwasser verliere. Ihr Aussehen war für uns ein Alarmzeichen. Im Unterricht der Schwesternschülerinnen hatten wir gelernt, wenn sich besonders viel Fruchtwasser angesammelt hatte, wies das auf eine Anormalität hin. Wir schafften die Frau ins Entbindungszimmer. Dann ging alles sehr schnell, obwohl es eine Steißgeburt war. Wie erschrak ich aber, als ich den Kopf des Kindes zu sehen bekam. Die Augen waren weit hervorgequollen, und es fehlte die Schädeldecke, sodass man das ganze Gehirn sehen konnte. Ich erfuhr, dass man diese Art von Missbildung Froschkopf nannte. Das arme Wesen starb nach kurzer Zeit, zum Glück. Die Mutter war todunglücklich über den Verlust des Kindes, obwohl sie schon ein gesundes Kind hatte, und nachts, wenn auf der Station alles ruhig war, schlich ich mich immer zu ihr, um sie zu trösten.

Wenige Tage später kam wieder eine werdende Mutter in letzter Sekunde, das heißt, die Wehen folgten bereits dicht auf dicht. In dieser Nacht hatten wir auf der Station keine Hebamme, weil die unsere eine eitrige Verletzung hatte. Es musste erst ein Ersatz gerufen werden, bis dahin aber stand ich allein auf weiter Flur. Ich führte die Schwangere in den Kreißsaal, half ihr beim Ausziehen und hoffte, dass sich das Kind noch so lange gedulden würde, bis eine Hebamme eintraf. Als ich zu der Frau sagte: „So, jetzt legen Sie sich bitte auf das Entbindungsbett", antwortete sie: „Das geht nicht mehr. Der Kopf ist doch schon da."

Was tun? Ich hatte ja keinerlei Erfahrung, außer dass ich einige Tage zuvor bei der eben erwähnten Entbindung zugeschaut hatte. Jetzt hieß es jedoch handeln. Geistesgegenwärtig befahl ich der Frau: „Machen Sie mal die Beine breit." Blitzschnell ging ich in die Hocke und konnte gerade noch mit unsterilen Händen das Kind auffangen. Unsteril! Das war das Schlimmste, was man als Schwester machen konnte. Wenig später war unsere Hebamme zur Stelle, die mit dem eiternden Finger und die den Kreißsaal wegen Infektionsgefahr nicht betreten durfte. Sie stand in der Tür und gab mir Anweisungen, was ich zu machen hatte, wie ich das Kind abnabeln musste und so weiter. Zum Glück hatte das Kind gleich geschrien. Ich machte alles so gut, wie ich es konnte. Als die junge Mutter endlich auf dem Entbindungsbett lag, legte ich ihr das Kind in den Arm.

Am nächsten Morgen wurde ich zum Chefarzt gerufen. „Schwester Irene“, begann er. „Ich habe Unfassbares gehört. Unsteril haben Sie auf der Station ein Kind zur Welt geholt. Aber immerhin waren Sie geistesgegenwärtig. Wenn Sie das nicht gemacht hätten, wäre das Kind wahrscheinlich gestorben.“ Damit hatte er recht. Bis ich mir die Hände gewaschen und Handschuhe angezogen hätte, wäre das Kind mit dem Kopf längst auf die Steinfliesen geknallt. Auch dieses Erlebnis war symptomatisch für mein Leben. Immer wieder sollte es Situationen geben, wo ich nur haarscharf einer Katastrophe entging.

Eine freudige Überraschung erlebte ich in diesem Krankenhaus auch. Eines Tages, als ich eine Patientin im Aufzug zu einer anderen Station brachte, stand plötzlich eine Mitschülerin aus Wieblingen vor mir. Mir blieb nur so viel Zeit, ihr ein Zeichen zu geben, dass ich wiederkommen würde. Wir trafen uns also später, und es stellte sich heraus, dass sie die Nichte meines

Chefarztes war und hier als Patientin lag. Da sie mittlerweile Grafologin geworden war, marschierte ich pausenlos zu ihr hin, um ihr die Briefe meiner diversen Verehrer zur Begutachtung vorzulegen. Ihr Urteil über die einzelnen Kandidaten war für mich sehr aufschlussreich.

Im Jahr 1944 fuhr meine Mutter mit mir nach Gumbinnen in Ostpreußen zu Verwandten. Sie unterhielt sich mit meiner Tante, und ich stand dabei. Da hörte ich, wie meine Mutter fragte: „Eva, wo gehen wir hin, wenn wir fliehen müssen?" Über diese Äußerung habe ich den Kopf geschüttelt und gedacht, wie kann man nur so negativ denken? Sicher, mein Bruder war gerade in Stalingrad gefallen, der Bruder, den ich besonders geschätzt hatte, weil er eine wichtige Bezugsperson gewesen war. Dennoch, ich war jung, und trotz allem hing die Welt noch voller Geigen und nicht voller Trauer. Nach diesem Besuch kam meine Mutter nach Hause und begann die Flucht systematisch vorzubereiten. Von unserem Stellmacher ließ sie sich einen gefederten Gartenwagen bauen. Der hatte vorne eine Bank und oben drüber eine Plane. Von meinem Vater wünschte sie sich zum Geburtstag und zu Weihnachten je eine Orlow-Traber-Stute – eine besonders ausdauernde Pferderasse. Im November 1944 ließ sie einen Sachverständigen aus Breslau kommen. Der musste alles aufnehmen, was an Antiquitäten, Bildern und sonstigen Wertgegenständen im Haus war. Vom Dachboden bis zum Keller begutachtete er alles und trug es in eine Liste ein. Diese wurde besiegelt mit Unterschrift und Stempel. Sie sollte als Eigentumsnachweis nach dem Krieg dienen, wenn es dazu kam, dass die Eroberer Beutegut zurückgeben mussten. Dank der sorgfältigen Vorbereitungen meiner Mutter traf es uns nicht ganz so hart, als wir im Januar 1945 wirklich die Flucht antreten mussten. Aber ehe es so weit war, gab es noch erfreulichere Dinge in meinem Leben.

Auch das Gut meiner Eltern war ein landwirtschaftlicher Lehrbetrieb, auf dem Eleven ein und aus gingen, darunter auch ein junger Adeliger namens Werner, der schon lange vor dem Krieg bei uns gewesen war. Da er sich gut mit meinen Eltern verstand, besuchte er uns auch später sehr oft. Ob er nur aus Anhänglichkeit zu meinen Eltern kam oder ob er auch andere Interessen hegte, wusste ich nicht. Jedenfalls sah ich ihn nicht ungern. Eines Tages funkte es dann zwischen uns beiden. Leider wurde er bald darauf eingezogen, doch wir schrieben uns. 1943 erlitt er eine sehr schwere Verwundung am Rücken und wurde nach einem langen Lazarettaufenthalt als für die Front untauglich eingestuft. Das bedeutete „Heimatverwendung". Er kam ins Oberkommando des Heeres nach Lübben im Spreewald. Nun stand einer Verlobung nichts mehr im Wege, und bald wurden Hochzeitspläne gemacht.

Ursprünglich hatten wir für den 27. August 1944 ein riesiges Fest geplant, doch die Ereignisse des 20. Juli nach Stauffenbergs missglücktem Attentat auf Hitler warfen ihre düsteren Schatten bis zu uns. Deshalb beschloss mein Vater: „Wir werden nur die engste Familie einladen. Das alles ist so tragisch, da können wir nicht groß feiern." Das schloss jedoch nicht aus, dass ich meine Freundinnen einlud, die ich aus meiner Pensionatszeit kannte. Die Freunde meines Mannes konnten leider nicht dabei sein, weil sie alle an der Ostfront waren.

Schlesien schien zu dieser Zeit noch so sicher, dass es als Luftschutzkeller Deutschlands galt. Deshalb drängten viele, die sich vor den Kriegswirren in Sicherheit bringen wollten, hierher. Auch wir hatten das Haus bis unters Dach voll mit Flüchtlingen, die aus dem zerbombten Berlin geflohen waren. Obwohl nichts mehr so war wie früher, wurde es eine schöne Hochzeitsfeier. Da es ein heißer Tag war, spielten sich die Festlichkeiten weitgehend im Freien ab. Alles war hell erleuchtet, und wir tanzten auf dem Rasen. Dennoch spürten alle, dass etwas Schreckliches auf uns zukam. Aber niemand sprach vom Krieg, jeder genoss den schönen Augenblick. Anschließend zog ich mit meinem jungen Ehemann nach Lübben im Spreewald. Unser Glück sollte jedoch nicht lange währen, denn schon ein halbes Jahr später begann die Flucht, und Menschen, die immer an einem Ort miteinander gelebt und gearbeitet hatten, wurden in alle Winde verstreut.

Lange nachdem der Krieg vorbei war, erschien Lottel, die Tochter unseres Gärtners auf dem Gut, in meiner neuen Heimat Wiesbaden. Sie überreichte mir eine silberne Brosche, deren Vorderseite ein Schmuckstein zierte. Auf der Rückseite waren die Worte eingraviert: „Für liebe Hilfe in schwerer Zeit, Sommer 1942“.

Wie war sie an dieses Schmuckstück gekommen? Ein Bruder meiner Großmutter hatte nach seiner Scheidung für ein Jahr Unterschlupf bei uns gefunden, bis er nach zwei Jahren erneut geheiratet hatte und nach Trebnitz gezogen war. In den Kriegsjahren, wo es alles auf Lebensmittelkarten gab, besuchte er uns des Öfteren – aus gutem Grund, denn bei uns konnte er sich zusätzliche Lebensmittel beschaffen für seine kleine Familie. Statt sich aber an meine Mutter zu wenden, klemmte er sich hinter die Mamsell. Und die gab ihm immer etwas mit: Mehl, Eier, Butter, Speck, Brot. In seiner großen Tasche hatte so einiges Platz. Aus Dankbarkeit hat er der Mamsell später die erwähnte Brosche verehrt. Als dann unsere Familie das Gut verlassen hatte, nahm sich die Gärtnersfamilie der Mamsell an. Gemeinsam überstanden sie die gefährliche Flucht, und als sie endlich im sicheren Westen angekommen waren, schenkte die Mamsell zum Dank diese Brosche der Lottel, die sie wiederum mir zurückgeben wollte. Ich protestierte: „Aber Lottel, die kann ich nicht annehmen. Du hast durch den Krieg doch auch alles verloren. Außerdem hast du eine Nichte, der du sie vererben kannst." Davon wollte die gute Lottel nichts wissen. Sie drängte mir das Schmuckstück regelrecht auf: „Nee, nee, was aus deinem Haus ist, soll auch dahin zurück."

Auch einen zweiten Bediensteten aus der alten Heimat trafen wir einige Jahre nach Kriegsende wieder. Es war Lalal, wie die Kinderfrau meiner

Mutter liebevoll von mehreren Generationen meiner Familie genannt wurde. Mein Mann und ich konnten uns endlich einen kleinen Urlaub leisten, und auf dem Weg nach Italien besuchten wir sie. Lalal lebte mittlerweile in Fischbachau, einem kleinen Ort in Oberbayern, zusammen mit ihren beiden Schwestern in einem netten Häuschen, das sie sich von ihrem Ersparten erbaut hatten. Bei der Begrüßung hielt Lalal bestürzt meine Hände fest. „Aber Kind, was hast du für harte Hände!"

„Das ist kein Wunder", erklärte ich lachend. „Für meine sechsköpfige Familie muss ich alles auf dem Waschbrett waschen."

Es wurde ein netter Nachmittag – mit den drei Schwestern. Ehe wir uns verabschiedeten, verschwand Lalal in ihrem Schlafzimmer. Mit einem dicken Briefumschlag kehrte sie zurück und drückte ihn mir kommentarlos in die Hand. Neugierig öffnete ich ihn – zu meiner Verwunderung enthielt er lauter Geldscheine. „Lalal", rief ich aus, „um Gottes willen, das nehme ich nicht. Das ist unmöglich. Das kann ich nicht annehmen." „Doch", beharrte sie, „davon kaufst du dir eine Waschmaschine. Ich möchte nicht, dass du weiterhin von Hand wäschst."

Ich wehrte mich vehement, dieses Geld anzunehmen. Regelrecht gestritten haben wir, aber sie beharrte darauf, dass sie selbst nichts mehr brauchte.

Die Geschichte endete so, dass sie mir den Umschlag einfach in die Manteltasche steckte und mich zur Tür hinausschob.

Prüfungen des Lebens

Martha, Jahrgang 1915, aus Darmstadt

Es war noch in der guten alten Kaiserzeit, im Jahr 1910, als meine Eltern heirateten. Mein Vater war Großstädter, geboren und aufgewachsen in Frankfurt am Main, meine Mutter dagegen war ein echtes Kind vom Land, von einem Bauernhof in einem kleinen Dorf im Rheinhessischen. Nach ihrer Heirat ließen sie sich in Darmstadt nieder, wo mein Vater als gelernter Polsterer und Tapezierer eine gute und sichere Stelle hatte. Er arbeitete im Geschäft seines Vetters mit, der zu der Zeit das größte Möbelhaus der Stadt besaß.

Die Firma hat damals sogar Möbel nach St. Petersburg geliefert, an die Familie des Zaren. Die Zarin Alexandra stammte ja aus Darmstadt und war bis zu ihrer Verheiratung die Prinzessin Alix gewesen. Mein Vater begleitete die Ladung per Bahn bis nach St. Petersburg. Zunächst kleidete er die Räume mit prächtigen Seidentapeten aus. Danach richtete er sie mit den Möbeln aus Darmstadt ein, darunter repräsentative Sessel und Sofas, die er selbst gepolstert hatte.

Auch hängte er Wolken von Gardinen auf und schwere Samtportieren. Mit seiner Arbeit muss man sehr zufrieden gewesen sein, denn die Zarin gab ihm Geschenke für seine Kinder mit, die uns exotisch anmuteten. Aber das war vor der Zeit, an die ich mich erinnern kann. Davon hat mir meine Mutter erzählt. Die Geschenke jedoch habe ich noch in der Vitrine bewundern können: ein kunstvoll verziertes Ei, eine Spieluhr und sieben Holzpuppen, von denen man eine in die andere stecken konnte.

Im Jahr 1911 kam das erste Kind meiner Eltern zur Welt, ein Mädchen. Beim Standesamt gab mein Vater für seine Tochter folgende Namen an: Judith Marie Luise. Der Standesbeamte hat „Judith" nicht eingetragen mit der Bemerkung: „Sie werden doch dem Kind keinen jüdischen Namen geben?!" Das war – wohlgemerkt – 1911! Das Kind wurde zu Hause trotzdem Judith gerufen. Später ist dieser Name dann auch in den Papieren als Rufname eingetragen worden, nur im Geburtsregister wurde er nie ergänzt. Im Jahr darauf folgte mein Bruder Friedrich. Ich selbst wurde am 6. März 1915 als Acht-Monats-Kind geboren. Dass ich zu früh auf die Welt gekommen bin, hatte für meinen Vater große Bedeutung. Wäre ich erst zum errechneten Termin gekommen, hätte er mich nicht mehr zu sehen bekommen, denn genau an diesem Tag, am 6. April, musste er einrücken. Da ich aber zu früh geboren wurde, konnte er sich noch vier Wochen an mir erfreuen. Das sehe ich als Fügung an. Ich habe keine einzige Erinnerung daran, ihn in unserer Wohnung gesehen zu haben, obwohl er noch einige Male Urlaub gehabt haben muss. Aber ein anderes Bild steht mir deutlich vor Augen, obwohl ich damals erst drei Jahre alt war. Das war im März 1918, also ein halbes Jahr vor dem Ende des Ersten Weltkrieges. Der Vater war zum letzten Mal auf Urlaub gewesen. Er gehörte zum Leibregiment der Großherzogin, und die Straße, in der wir wohnten, war nicht weit vom Schloss entfernt. Wenn die Soldaten also zur Kaserne marschierten, mussten sie durch unsere Straße. Die Frauen pflegten sich mit ihren Kindern hinzustellen, um einen Blick auf ihre Ehemänner zu werfen. Auch meine Mutter stand da, mit mir auf dem Arm, und da hat mein Vater mir zugewunken. Dieses Bild habe ich unauslöschlich vor Augen. Sonst kenne ich ihn nur von Fotos. Bevor er an die Front nach Flandern zurückfuhr, übergab er meinem Großvater mütterlicherseits zwei Briefe. Einer war an meine Mutter adressiert, der andere an uns drei

Kinder. Wenige Wochen später erhielten wir die Nachricht, dass er am 10. April gefallen war.

Meine Mutter stand also von heute auf morgen allein mit drei kleinen Kindern da und damit vor der Frage, wie sie diese ernähren sollte, denn die Rente, die sie als Kriegerwitwe bezog, betrug genau fünfundsiebzig Mark. Eine Generation vorher war es meiner Großmutter väterlicherseits ähnlich ergangen. Als mein Vater vier Jahre alt war, hat sie ebenfalls ihren Mann verloren. Wie das damals üblich war, musste er von Zeit zu Zeit ins Manöver. Es war Hochsommer und ein sehr heißer Tag. Er und einige Kameraden sind, um sich nach den anstrengenden Märschen und Übungen zu erfrischen, in der Nidda schwimmen gegangen. Dadurch zog er sich eine gefährliche Kehlkopfentzündung zu, an der er nach einem Dreivierteljahr starb.

Die Großmutter bekam keine Rente, weil es kein „Dienstunfall" gewesen war, denn das Bad im Fluss hatte ja nicht während des Manövers stattgefunden. Sie musste also, was damals – 1890 – ganz und gar nicht üblich war, arbeiten gehen, um sich und ihr Kind durchzubringen, und war jahrzehntelang im Frankfurter Dominikanerkloster als Wirtschafterin und Köchin tätig. Als sie gestorben war, hat das Kloster in das Kirchenbuch folgenden Nachruf gesetzt: „Die hoch verehrte Frau Marie Luise Leineweber hat ihren Sohn ernährt, ihn gelehrt und ihn in eine Lehre gegeben, in der er für sein Leben tüchtig wurde. Wir danken dieser Frau für ihre Tat." Meine Großmutter war prägend für unsere ganze Kindheit. Immer wieder wurde diese tapfere Frau uns als Vorbild hingestellt und spielte somit die Rolle einer geheimen Miterzieherin für uns.

Während der Zeit, in der mein Vater für das Möbelgeschäft tätig gewesen war, versah er nebenbei noch die Stelle eines Hausmeisters in unserem Mietshaus, denn besonders hoch war damals der Verdienst selbst für die besten Arbeiter nicht. In dem Moment, in dem er eingezogen wurde, übernahm unsere Mutter diese Aufgabe und sicherte uns damit weiterhin ein kleines Zubrot. Allerdings dürfte das zunächst gar nicht so einfach für sie gewesen sein, mit drei kleinen Kindern, von denen das jüngste gerade vier Wochen alt war. Das Haus war vier Stockwerke hoch. Im Parterre befand sich ein Spielwarenladen mit einer Puppenklinik, in der immer die unbrauchbaren Puppenteile in den Abfalleimer wanderten. Zu den Aufgaben meiner Mutter gehörte es, diesen allabendlich zu leeren. Dabei fand sie immer wieder Teile, von denen sie annahm, dass sie sich noch verwenden ließen, und wirklich bastelte sie daraus kurz vor Weihnachten 1918 eine Puppe. Was ihr an Teilen fehlte, schenkte ihr der Ladeninhaber. Damit wollte er sich dafür erkenntlich zeigen, dass sie gelegentlich für ihn Handarbeiten anfertigte, denn sie konnte wunderbar häkeln und sticken. Auch diese Firma unterhielt Geschäftsbeziehungen zum russischen Zarenhof, die über das Großherzogshaus in Darmstadt liefen. So gelangten Handarbeiten meiner Mutter mit den Spielsachen der Firma bis nach St. Petersburg. Aus Dankbarkeit ließ ihr die Zarin über den Darmstädter Hof drei Russenkittel für uns Kinder zukommen, die wir voller Stolz trugen.

Die Puppe, die meine Mutter für mich zusammengebastelt hatte, war die erste und schönste Puppe meines Lebens. Sie war so groß wie ein Neugeborenes und hatte echte blonde Locken. Das wundervolle Kleidchen, das sie trug, hatte meine Mutter aus einem Stoffrest selbst genäht. Ich hielt sie viele Jahre lang in Ehren. Nachdem meine Mutter die Nachricht erhalten hatte, dass unser Vater für das Vaterland gefallen war, arbeitete sie noch einige Monate weiter als Hausmeisterin. Dann wurde auch sie von der großen

Grippewelle nach Kriegsende erfasst, an der in Deutschland Hunderttausende starben, und behielt einen Lungenspitzenkatarrh zurück. Der Arzt konnte ihr nicht wirklich helfen, denn Medikamente, wie man sie heute hat, standen damals nicht zur Verfügung. Sein einziger Rat war: „Sie müssen unbedingt aufs Land und frische Kuhmilch oder Ziegenmilch trinken."

Also gab meine Mutter die Wohnung in Darmstadt auf und kehrte mit uns in ihr Heimatdorf zurück. In ihr Elterhaus konnte sie allerdings nicht, denn da war kein Platz für uns. Dort wohnten etliche Mitglieder der Großfamilie, immerhin hatte meine Mutter zwölf Geschwister, von denen einige noch daheim lebten. Wohin also mit unserer vierköpfigen Familie? In der Nachbarschaft stand ein Haus zur Verfügung, in dem bisher der jüdische Rabbiner gewohnt hatte, der kurz vor unserer Ankunft nach Argentinien ausgewandert war. Offensichtlich hatte er zu den wenigen gehört, die schon damals keine Perspektive mehr für die Juden in Deutschland sahen.

Wir zogen also in das Rabbinerhaus. An den Pfosten der Haustüre befanden sich noch Kästchen für die Gesetzesrollen, wie es in jüdischen Häusern üblich war. Da unser Großvater ein sehr gläubiger Mann war, hat er uns erklärt, was es heißt: „Du sollst deinen Kindern, wo du gehst und stehst, meine Gebote lehren. Und du sollst sie an die Türpfosten schreiben." So sind wir aufgewachsen. Das war unsere Kinderzeit. Zehn Jahre blieben wir in diesem Haus, dann konnten wir zu den Großeltern übersiedeln, bei denen mittlerweile durch die Heirat einiger Tanten etwas Platz geworden war.

Mit unserer Erziehung hatte die Mutter, der es übrigens auf dem Land bald besser ging, nicht viel Mühe. Obwohl der Vater nicht mehr da war, war er stets präsent. Die Mutter flocht nämlich bei jeder Gelegenheit ein: „Der Vater sieht euch von oben. Wenn ihr nicht gehorsam seid, ist er traurig." Das war für uns keine Drohung, sondern gab uns das gute Gefühl, dass er uns sehen konnte. Wir waren also nicht völlig von ihm verlassen. Und dass er traurig war, das wollten wir auf keinen Fall. Als ich alt genug war, um lesen zu können und um es zu verstehen, zeigte mir meine Mutter die beiden letzten Briefe meines Vaters. Der eine enthielt ein Abschiedsgedicht an sie. Darin ermunterte er sie, sich nicht von ihrem Schmerz niederdrücken zu lassen. Sie müsse ja für die Kinder da sein. Er legte ihr ans Herz, die Kinder im Glauben an Gott und in Treue zu ihm zu erziehen. Zum Schluss bat er darum, in den Kindern das Andenken an ihren Vater lebendig zu erhalten. Der zweite Brief enthielt ein Abschiedsgedicht an uns drei Kinder. Jedes von uns beschrieb er mit zärtlichen Worten, drückte seine Liebe aus und gab gute Wünsche mit auf den Weg. Am Schluss beschwor er uns, die Mutter in ihrem tiefen Leid zu trösten und ihr die Liebe zu schenken, die er ihr nicht mehr geben konnte.

Obwohl ich zu der Zeit, als ich die Gedichte las, noch ein Kind war und sicherlich nicht alles verstehen konnte, haben sie mich tief beeindruckt. Eine Zeile, die er mir mit auf den Weg gegeben hat, lautete:

„Vielleicht bist du einst eine Seele, von der ein Segensstrom entquillt."

Mein ganzes Leben lang habe ich versucht, diesem Anspruch gerecht zu werden. Als ich vor der schwersten Entscheidung meines Lebens stand, wurden Vaters Worte wegweisend für mich.

Diese beiden Gedichte hatte mein Vater bereits am 28. Februar 1918 im Feld niedergeschrieben. Offenbar hatte er eine Ahnung seines nahen Todes, bevor er seinen letzten Heimaturlaub antrat.

Der Umzug von Darmstadt in Mutters Dorf

bedeutete eine gewaltige Umstellung für uns Kinder. An das Stadtleben gewöhnt, befanden wir uns mit einem Mal in einem Kuhdorf mit achthundert Einwohnern. Wir waren die ersten fremden Kinder in der Dorfschule und brachten eine ganz andere Vorbildung mit. Keiner unserer neuen Schulkameraden war jemals aus dem Ort herausgekommen, und so wurden wir als Fremdlinge von den anderen angestarrt und gemieden.

Für meine Schwester war die Umstellung noch gravierender als für die beiden Jüngeren. Sie war nämlich bereits seit 1917 in Darmstadt in die städtische Mädchenschule gegangen – und dann der Wechsel in eine einklassige Dorfschule! Nicht nur Jungen und Mädchen saßen hier bunt gemischt zusammen, auch sämtliche Jahrgänge wurden in einem einzigen Raum gemeinsam unterrichtet! Trotzdem überwand sie den Schock schnell, glänzte mit ihren Leistungen und wurde als Einzige von der ganzen Schule vom Lehrer für eine weiterführende Schule vorgeschlagen. So wechselte sie auf das Gymnasium in Alzey, etwa fünfundzwanzig Kilometer von unserem Dorf entfernt. Da sie Kriegswaise war, brauchte meine Mutter kein Schulgeld zu zahlen. Blieb noch das Geld für die Bahnfahrt, das sie ebenfalls nicht hätte aufbringen können. Hier griff nun eine Einrichtung, die vielen Kriegswaisen zugutekam. Die Stadt Darmstadt hatte Kindern von gefallenen Soldaten Patenstellen vermittelt. Jedes von uns dreien hatte seinen Paten, jedes einen anderen. Diese Paten waren keine Einzelpersonen, sondern Firmen. So war die Patenstelle meiner Schwester eine Bierbrauerei, die meines Bruders das Telegrafenamt, und die meine war das Möbelgeschäft, in dem mein Vater gearbeitet hatte. Auf Antrag unserer Mutter übernahm also die Brauerei das Geld für die Bahnfahrt meiner Schwester, aber bereits nach einem Jahr gab es Probleme. Genau zu der Zeit, in der meine Schwester in die Quinta gekommen wäre, wurde zum Generalstreik gegen die französische Politik im besetzten Rheinland aufgerufen, und ein Dreivierteljahr fuhren keine Züge. Dadurch war Judith die Möglichkeit genommen, ihre Schule zu erreichen, und eine Unterbringung im Internat war selbst der Patenstelle zu viel. Das Ende vom Lied war, dass meine Schwester wieder in die Volksschule zurückmusste, und für meinen Bruder hatte sich der geplante Wechsel aufs Gymnasium ebenfalls erübrigt. Als meine Geschwister endlich wieder mit der Bahn zur Schule hätten fahren können, gab es die nächste Katastrophe: die Inflation, und das bedeutete das Aus für alle Patenstellen. Uns blieb also nichts andres übrig, als weiterhin treu und brav zur Dorfschule zu trotten.

In dieser Schule fielen wir durch unsere bessere Allgemeinbildung und unseren Wissensdurst aus dem Rahmen. Durch die Erzählungen unserer Eltern wussten wir sogar über das ehemalige Zarenreich Bescheid, und meine Tante Paula hat ebenfalls über die Verbindungen des Darmstädter Hofs nach Russland berichtet. Sie hatte die Eleonorenschule besucht, die von der Großherzogsfamilie unterstützt und gefördert wurde, und wo man auf diese besonderen Beziehungen viel Wert legte. So hatte meine Patin immer wieder hervorgehoben: „Wenn die Zarin nicht ihre Privatlehrer gehabt hätte, wäre sie mit mir in der Eleonorenschule in dieselbe Klasse gegangen.“ Bis zu ihrem Lebensende wurde meine Patin es nicht müde, uns immer wieder vom Leben der Zarenfamilie zu berichten. Sie sparte auch die schlimmen Ereignisse vom Ende des Zarenreiches nicht aus, einschließlich der Ermordung der ganzen Familie von Nikolaus II., und dadurch wussten wir ein wenig über die politischen Umwälzungen jener Zeit Bescheid. Unser Horizont war einfach weiter und unser Geist beweglicher und aufnahmebereiter für Neues und Fremdes.

In dieser Zeit hatten wir das Glück, einen Lehrer zu bekommen, der gleich erkannte, dass wir mehr geistige Nahrung brauchten, als sie gemeinhin in Dorfschulen angeboten wurde. Ihm war bekannt, dass unserer Mutter das Geld fehlte, um uns eine weiterführende Schulbildung zu ermöglichen. Deshalb tat er etwas, das man heute mit dem Ausdruck Begabtenförderung bezeichnen würde. Er drückte uns Bücher in die Hand, die nicht nur unterhaltend waren, sondern auch lehrreich. Das waren zum Beispiel neben „Sven Hedin reitet nach Tibet" auch andere Bücher über China und Asien oder über Ägypten und die Pyramiden. Den „Robinson Crusoe" habe ich natürlich ebenfalls gelesen. Diese Bücher trösteten mich ein wenig darüber hinweg, dass mir der Besuch des Gymnasiums verwehrt war. Sie erfüllten mich mit so vielen Gedanken, dass ich von der bitteren Realität abgelenkt wurde.

Als meine Schwester am Ende ihrer Schulzeit konfirmiert wurde, hatte sie das Glück, dass der damalige Präses des Kirchenkreises auf sie aufmerksam wurde. Er nahm sich ihrer an und setzte alle Hebel in Bewegung, um ihr einen angemessenen Ausbildungsplatz zu besorgen. Ihm war es zu verdanken, dass Judith die

Fröbelschule in Mainz besuchen konnte, in der Mädchen eine Ausbildung zur Kinderpflegerin machten. Die Kosten dafür übernahm die evangelische Kirche.

Nach der Abschlussprüfung pflegte die Schule ihre Absolventinnen in geeignete Anstellungen zu vermitteln. So kam meine Schwester nach Frankfurt in ein wohlhabendes Haus, wo sie für anderthalb Jahre als Kinderpflegerin bei einem kleinen Mädchen arbeitete. Dann bot sich ihr die Möglichkeit, in unserem Heimatdorf die Pflege eines Kindes zu übernehmen, das mit einem Herzfehler auf die Welt gekommen war und ständige Betreuung brauchte. Nach vier Jahren in diesem Haus bekam meine Schwester nacheinander Scharlach, Diphtherie und Gelenkrheuma, womit ihre Karriere als Kinderpflegerin jäh beendet war. Denn selbst nach ihrer Genesung durfte sie aufgrund der rheumatischen Erkrankung nicht mehr mit Wasser hantieren, aber das war in der Kinderpflege unmöglich.

Was also tun? Geld verdienen musste sie. Sie beriet sich mit unserer Mutter, und die hatte eine Idee. Damals wurden auf dem Land oft Pflegefamilien für Waisenkinder oder Kinder von ledigen Müttern gesucht. Allein in unserem Dorf gab es zu dieser Zeit zehn Pflegekinder. Warum sollten meine Mutter und meine Schwester nicht auch ein Kind aufnehmen? Da für diese Pflegestellen gezahlt wurde, war das eine Verdienstmöglichkeit für Judith. Meine Mutter stellte einen entsprechenden Antrag. Da Mutter und Tochter sich einig waren, dass als Pflegekind nur ein Mädchen infrage käme, fügte meine Mutter diese Bedingung in ihrem Antrag ausdrücklich hinzu. Aber es gab gerade keine Mädchen, und so kam unser Fritzchen ins Haus, gerade mal zwölf Wochen alt. Unsere Mutter übernahm das Baden des Kleinen, das Windelnwaschen, um den Rest kümmerte sich meine Schwester, die außerdem noch Bügelarbeiten für andere Leute erledigte, um eine zusätzliche Einnahmequelle zu haben. Zunächst waren sich alle einig darüber, den Jungen nur so lange zu behalten, bis er in die Schule kam. Heute ist er dreiundsiebzig Jahre alt und noch immer bei uns. Als er geheiratet hat, haben wir auf unserem hinteren Grundstück für ihn und seine Familie ein Haus gebaut. Auf diese Weise ist ein Kind ohne Familie zu einer Familie gekommen.

Ein Jahr nach meiner Schwester stand auch bei meinem Bruder die Schulentlassung an. Der Lehrer fragte ihn, was er lernen wollte. „Ach, ich wäre ganz gern Kaufmann. Aber die Mutter kann die Ausbildung nicht bezahlen. In der Verwandtschaft hat sie schon eine Lehrstelle bei einem Schreiner ausgemacht. Also werde ich halt Schreiner", seufzte er.

Der Lehrer, der uns immer gefördert hatte, besuchte am Nachmittag unsere Mutter und schlug ihr vor: „Lassen Sie den Bub doch auf die Handelsschule gehen. Er ist der geborene Kaufmann, aber kein Schreiner." „Die Schule kann ich nicht bezahlen", stöhnte die Mutter.

Am nächsten Tag erschien der Lehrer wieder in unserem Haus. Mit einem Brief. Er beschwor meine Mutter: „Fahren Sie mit Ihrem Sohn nach Mainz zu Dr. Klink – er ist der Leiter der städtischen Handelsschule. Geben Sie ihm diesen Brief, und dann wollen wir sehen, wie es weitergeht."

Die Mutter befolgte den Rat des Lehrers und suchte diesen Dr. Klink auf. Nach dem Lesen des Briefes knurrte er: „Ja, ja, typisch Lehrer vom Land. Da loben sie die Kinder, und nach einem halben Jahr müssen wir sie wegschicken, weil sie nichts taugen." Trotzdem nahm er Friedrich auf. Nach einem Vierteljahr bestellte er meine Mutter zu sich und gestand ein, er müsse die abwertenden Worte vom letzten Gespräch zurücknehmen. „Ihr Sohn ist hochbegabt!", sagte er.

„Er bekommt eine Freistelle für zwei Jahre. Die Bücher muss er auch nicht bezahlen. Zusätzlich werde ich dafür sorgen, dass irgendjemand das Fahrgeld übernimmt." Überglücklich berichtete die Mutter am Abend davon.

Nach Ablauf dieser zwei Jahre bestand mein Bruder seine Prüfung mit Bravour und bekam sofort eine Stelle. Ein namhaftes Elektrogeschäft in Mainz hatte bei der Schule angefragt, ob sie nicht einen besonders tüchtigen Absolventen für sie hätten. Sie empfahlen Friedrich, und er wurde sofort eingestellt. Im Alter von fünfundsechzig Jahren schied er als Geschäftsführer aus der Firma aus, blieb allerdings noch weitere fünf Jahre als Betreuer in dem Betrieb für die Lehrlinge.

Zeit zum Spielen hatten wir als Kinder schon, allerdings hatten wir nicht viel, womit man spielen konnte. Es gab nur das, was die Mutter und die Tanten uns aus Stroh, Holz und Stoff bastelten.

Einmal hat uns der Großvater eine Puppenstube und eine Küche gebastelt. Auch die zierlichen Möbel waren alle von seiner Hand gemacht. In dieser Küche konnten wir sogar richtig kochen, und zwar mit einem Spirituskocher. Meine Patin hatte mir sogar einen elektrischen Backofen schenken wollen, aber da protestierte die Mutter, weil ihr der Strom zu teuer gewesen wäre.

Wie früher üblich, haben wir schon als kleine Mädchen mit Handarbeiten begonnen: mit Stricken, Häkeln und Sticken. Mit vier Jahren habe ich schon mein erstes Deckchen mit Kreuzstich gestickt. Auch gehäkelt habe ich früh, meist Puppenmützchen und Puppenschühchen. Was wir spielend erlernt haben, war Pantoffeln zu flechten. Da wir kein Geld hatten, um welche zu kaufen, haben unsere Tanten uns früh gezeigt, wie man aus Stroh Riemen flechten kann. Diese Riemen wurden so aneinandergelegt und dann zusammengenäht, dass dicke Sohlen entstanden. Die Oberteile nähten wir aus einem alten aufgetrennten Mantel, und damit waren diese Pantoffeln wunderbar warm. Sie standen später unterm Weihnachtsbaum als Geschenk – für jeden ein Paar.

Weihnachten wurde bei uns sehr christlich gefeiert. Mein Großvater kam mir manchmal vor wie ein biblischer Patriarch, das ganze Jahr über wurden bei uns Andachten mit Bibellesungen abgehalten. Am Heiligen Abend war natürlich die Weihnachtsgeschichte dran. Alle drei Geschwister konnten sie schon sehr früh auswendig, ebenso wie alle möglichen Weihnachtslieder. Eigentlich verlief die erste Stunde des Heiligen Abends mehr wie ein Gottesdienst, denn eine richtige Christmette wurde in der evangelischen Kirche erst später eingeführt.

Geschenke, die wir Kinder den Erwachsenen machten, waren Kleinigkeiten wie gestickte Deckchen oder Lesezeichen oder ein gemaltes Bild. Es hat kein Geld gekostet, weil alles aus Resten gemacht war, aber die Großeltern und die Tanten freuten sich. Sie sahen die Mühe und die Liebe, mit der wir die Sachen angefertigt hatten. Süßigkeiten aus dem Laden gab es keine, aber wir haben Plätzchen gebacken. Dazu verwendeten wir selbst gemachten Sirup aus Zuckerrüben, denn Geld für richtigen Zucker hatten wir ebenfalls nicht. Es war erstaunlich, wie viele verschiedene Plätzchensorten man mit dem Sirup backen konnte. Es wurden auch Nüsse verwendet, weil wir zum Glück einen Walnussbaum und einen Haselnussstrauch im Garten hatten. Auch unser Obst wurde fürs Backen hergenommen. Alles Obst, das nicht gleich gegessen oder verbacken wurde, machte man haltbar für den Winter, bis auf die Äpfel. Die hielten sich auch so. Der Rest wurde gedörrt oder in Gläsern eingekocht, was damals gerade in Mode gekommen war. In Darmstadt bekamen alle Mütter, die mit ihren Neugeborenen zur Mütterberatung gingen, die dort als erste Einrichtung dieser Art von der Großherzogin Eleonore ins Leben gerufen worden war, sechs Weckgläser geschenkt – zumindest solange es ein Großherzogtum gab. Von diesen Gläsern, die meine Mutter damals in der Mütterberatung erhielt, habe ich heute noch welche.

Natürlich haben wir Kinder schon früh im Haushalt, auf dem Feld oder im Weinberg mithelfen müssen. Ach, was heißt müssen, wir waren stolz darauf, dass man uns schon etwas machen ließ, dass man uns etwas zutraute. Bei der Zubereitung des Essens helfen, zum Beispiel Kartoffeln oder Äpfel schälen, putzen oder Reben bündeln, das war früher eine Selbstverständlichkeit. Es war auch wichtig, alle Fertigkeiten früh zu erlernen, besonders auf dem Land, denn alle, vom Ältesten bis zum Jüngsten, mussten mit anpacken. Da ich die Jüngste in der Geschwisterreihe war, fiel für mich das Kinderhüten weg, worüber andere Mädchen oft klagten. Judith aber, die vier Jahre älter war als ich, musste immer auf mich aufpassen. Wenn mein Bruder und ich zu den Großeltern gingen, stand sie an der Haustür und rief uns nach: „Auf die rechte Seite gehen, damit ihr nicht vom Auto überfahren werdet!" Was haben wir gemacht? Wir sind erst recht mitten auf der Straße gegangen. Ich weiß eigentlich nicht, warum sie uns immer vor Autos warnte, denn bei uns auf dem Dorf gab es praktisch keine. Da bestand eher die Gefahr, von einem Ochsenfuhrwerk überrollt zu werden. Das erste Auto, das ich je gesehen habe, war der „Laubfrosch" von unserem Dorfarzt, ein kleines, grasgrünes Vehikel ohne Verdeck. Das muss um 1920 gewesen sein. Mit Begeisterung haben wir Kinder immer wieder den Vers von uns gegeben: „Drei Pfund Blech und drei Pfund Lack, fertig ist der Hanomag."

Als ich zehn war, habe ich mein erstes neues Kleid bekommen. Bis dahin hatte ich immer nur die abgelegten Sachen meiner Schwester getragen. Normalerweise nähte meine Mutter alle Sachen selber, doch als eine meiner Tanten heiraten wollte, ließ man eine Schneiderin ins Haus kommen, und meine Patin erklärte, sie würde zu diesem Anlass auch für mich ein Kleid nähen lassen. Ich war selig.

Die Näherin hatte Modezeitungen mitgebracht, in denen ich eifrig blätterte. Endlich hatte ich mein Traumkleid gefunden: Es war aus rotem Stoff mit kleinen schwarzen Tupfen und mit schwarzen Samtbändern verziert.

„Ach, was willst du denn mit diesem Firlefanz", versuchte meine Mutter mir das Kleid madig zu machen. Ihr wäre für mich sicher ein schlichteres Kleid lieber gewesen. Doch der Großvater, der mein enttäuschtes Gesicht sah, sprach ein Machtwort: „Wenn sich das Kind dieses Kleid wünscht, dann soll es das auch haben." Dankbar strahlte ich ihn an, und das Kleid wurde für mich genau so gearbeitet, wie es in dem Modeheft abgebildet war. Am Hochzeitstag meiner Tante kam ich mir sogar schöner als die Braut vor.

Besondere Ereignisse waren bei uns ebenfalls die Geburtstage, die immer mit einem Gotteswort begannen, das man sich aussuchen konnte und dann vom Großvater ausgelegt wurde. Aussuchen durfte man sich auch das Essen an diesem Tag. Mein Wunsch war jedes Jahr eine eigene Bratwurst. Wenn es nämlich Bratwurst gab, was selten genug vorkam, wurde sie auf vier Personen verteilt. Aber am Geburtstag gab es für mich alleine eine ganze Bratwurst!

1929 schlug auch für mich die letzte Schulstunde. Danach lief ich mir ein ganzes Jahr lang die Hacken ab und schrieb mir die Finger wund, um eine Lehrstelle zu finden. Entweder wollte ich Verkäuferin werden oder Schneiderin, doch in beiden Berufen war nichts zu machen. Es war partout keine Lehrstelle zu bekommen.

Der Zufall führte mich nach Oppenheim. Es war Ende März 1930, und es war Flugtag. Der Flieger Ernst Udet bot zu diesem Anlass mit seinen Kameraden die tollsten Vorführungen. Plötzlich stand meine in Oppenheim verheiratete Tante neben mir. In ihrer Begleitung befand sich ihre Vermieterin, die mir ebenfalls bekannt war. Nach einer Weile sprach sie mich an: „Martha, du könntest zu meiner Cousine kommen. Die hat Zwillinge gekriegt. Du könntest wenigstens so lange bleiben, bis du eine Lehrstelle hast. Sag Ja."

Was hätte ich sagen sollen? Jede meiner Bewerbungen war mit einem negativen Bescheid zurückgekommen. Eigentlich wäre das eine Stelle für Judith gewesen, aber die betreute damals noch das herzkranke Kind. Obwohl ich selbst nicht so besonders gern mit Kinder umging, sagte ich, wenn auch zögerlich, zu. Und dann bin ich ganze sieben Jahre dort geblieben! Außer den Zwillingen, zwei reizenden Mädchen, die bei meiner Ankunft erst drei Wochen alt waren, gab es noch eine süße „große" Schwester von vierzehn Monaten. So hatte ich praktisch drei Wickelkinder zu versorgen mit allem, was dazugehörte.

Eine Stunde nach meiner Ankunft musste ich die Zwillinge zum ersten Mal wickeln. Als ich das erste Kind aufnahm, dachte ich, ich hätte einen Frosch in der Hand, so winzig war es. Sie haben sich aber gut herausgemacht. Heute sind sie fünfundsiebzig Jahre alt, und wir stehen noch immer in Verbindung. Bei ihrer Mutter, einer lebensklugen Hausschneiderin, habe ich viel fürs Leben gelernt, vor allem, was Menschenkenntnis angeht.

„Martha", behauptete sie eines Tages, „jeder Mensch trägt eine Maske."

Naiv, wie ich mit fünfzehn war, korrigierte ich sie lachend: „Die tragen doch keine Maske. Es ist doch noch nicht Fastnacht."

Mit wenigen Worten erklärte sie mir dann, was sie mit dieser Äußerung meinte. Sie fügte hinzu: „Du musst hinter die Maske schauen." Das habe ich mir für das ganze Leben gemerkt. Ich verließ die Familie auch nur, weil ich zu Hause gebraucht wurde. Meine jüngste Tante, die wenige Jahre zuvor eine kleine Strickfabrik eröffnet hatte, erkrankte an Brustkrebs und konnte diese Arbeit nicht mehr machen. Obwohl ich keine Ahnung von dieser Materie hatte, sprang ich ohne Zögern ein, um die Existenz der Tante zu sichern. Sie erklärte mir alles, und bald hatte ich die Sache mit den Strickmaschinen voll im Griff.

In dieser Zeit lernte ich meinen Mann kennen,

verliebte mich in ihn, und bald waren wir verlobt. Als mein Bruder 1940 heiratete, hätten wir es ihm gerne gleichgetan, aber meine künftige Schwiegermutter war dagegen. Sie wollte für ihren Sohn unbedingt eine Braut, die aus einem Unternehmerhaushalt mit Geld kam. Sie glaubte, ihr Sohn, ein gelernter Kaufmann, wäre die ideale Ergänzung für so eine Familie gewesen. Aber er wollte nur mich.

Am Beispiel meiner Mutter und Großmutter hatte ich erlebt, wie schnell man den Ehemann verlieren konnte. Ich musste erfahren, dass die Familie unversorgt dastand, wenn die Frau keinen Beruf hatte. Dem wollte ich vorbeugen und vor meiner Heirat unbedingt die Gesellenprüfung im Strickerhandwerk machen. Es bestand nämlich die Möglichkeit, diese nach fünf Jahren Berufspraxis abzulegen, auch wenn man keine Lehre gemacht hatte. Genau diese Zeit war nun um, und so meldete ich mich zur Prüfung an. Meine Bewerbungsunterlagen waren noch nicht lange unterwegs, da erreichte mich ein Brief aus Norwegen. Mein Verlobter, der dort im Krieg war, schrieb kurz und bündig: „Vom 25. Juli an bin ich für drei Wochen auf Heimaturlaub. Wir heiraten."

Zwei Tage später kam die Nachricht, dass ich

genau zu der Zeit nach Apolda zur Gesellenprüfung kommen sollte. Damit stand ich vor einer schwierigen Entscheidung. Nach einigem Überlegen entschloss ich mich für die Heirat, denn es war ja nicht abzusehen, ob beziehungsweise wann es für meinen Verlobten wieder Urlaub gab. Die Gesellenprüfung dagegen würde mir nicht davonlaufen. Die konnte ich auch noch ablegen, wenn ich verheiratet war.

Am 31. Juli 1943 fand die Hochzeit statt. Wir verlebten ein paar glückliche Tage, die allerdings überschattet waren vom Wissen um seine baldige Abreise. Ich wurde das Gefühl nicht los, dass er mir etwas sagen wollte, sich aber nicht traute. Drei Tage, bevor er wegmusste, rückte er endlich mit seinem Anliegen heraus. Er unterbreitete mir einen tollkühnen Plan: Ich sollte mich als Flakhelferin melden, denn dann hätte ich die Möglichkeit, in seiner Nähe zu bleiben. Mit demselben Zug wie er würde ich die Reise nach Norwegen antreten. Allein der Gedanke erschien mir schon abenteuerlich. Es hätte bedeutet, dass ich all die Menschen, für die ich mich zu sorgen verpflichtet fühlte, im Stich gelassen hätte. Das waren meine Mutter, meine Großmutter mit über neunzig, eine viel ältere alleinstehende Schwester meiner Mutter, dazu meine eigene gesundheitlich angeschlagene Schwester und ihr Pflegekind. Konnte ich fünf Menschen, die alle irgendwie auf mich angewiesen waren, einfach ihrem Schicksal überlassen? Die Abschiedsworte meines Vaters kamen mir in den Sinn: „Vielleicht bist du einst eine Seele, von der ein Segensstrom entquillt." Als solcher fühlte ich mich in dieser Zeit. Durfte ich mich meinen nächsten Angehörigen einfach entziehen? Nur, um vielleicht ein paar zusätzliche Tage des Glücks zu erleben? Was hätten wir im Übrigen an der Front wirklich voneinander gehabt?

Sein Plan ging aber wesentlich weiter. Die Züge mit den Soldaten setzten von Saßnitz auf Rügen mit der Fähre über nach Trelleborg und fuhren über schwedisches Gebiet nach Norwegen. Mein Mann hatte gehört, dass schon eine Reihe Soldaten in Schweden aus dem Zug geflohen waren und sich im neutralen Schweden hatten internieren lassen. Um solchen Unternehmungen einen Riegel vorzuschieben, waren die Türen der Waggons zwar verplombt, aber durch die Fenster konnte man hinaus. Man brauchte bloß abzuwarten, bis der Zug seine Fahrt verlangsamte. Dann musste man schnell das Fenster öffnen und rausspringen. Für jeden, dem die Flucht auf diese Weise gelang, war der Krieg zu

Ende. Das klang verlockend, aber ich bezweifelte, dass ich die damit verbundene nervliche Anspannung ausgehalten hätte. Mit harmlosem Gesicht im Abteil sitzen, jeden Moment darauf gefasst sein, durchs Fenster zu springen, blitzschnell reagieren, sobald der Zug die Fahrt verlangsamte – nein, das traute ich mir nicht zu. Und was, wenn sich einer von uns dabei verletzte und nicht weglaufen konnte? Doch am schwersten wogen die Bedenken, meine Familie in Deutschland im Stich zu lassen. Zusätzlich zu der Tatsache, dass ich sie nicht mehr unterstützen konnte, hätte ich sie durch eine Flucht vielleicht sogar in Lebensgefahr gebracht. Zumindest drohte ihnen Sippenhaft. Das konnte ich mit meinem Gewissen nicht vereinbaren. Es erschien mir unmöglich, mein Glück auf dem Unglück meiner Angehörigen aufzubauen. Ich wäre doch meines Lebens nicht mehr froh geworden! Deshalb antwortete ich meinem Mann klipp und klar mit Nein, aber gottlob verstand er mich.

Schweren Herzens nahmen wir am 14. August voneinander Abschied. Es war das letzte Mal, dass ich ihn gesehen habe. Am 15. April 1944 kam die Nachricht von seinem Tod, und noch jahrelang machte mir meine Entscheidung zu schaffen.

Dennoch musste das Leben weitergehen. Für mich bestand es überwiegend aus Stricken, was zu dieser Zeit bedeutete, dass ich mit vier bis sechs Angestellten auf höheren Befehl Militärsocken strickte, obwohl fast jeder inzwischen wusste, dass der Krieg verloren war.

Eines Tages bewarb sich ein neuer Stricker bei mir. Eigentlich war er schon im Ruhestand, aber er wollte noch arbeiten, und ich war froh, ihn in meine Mannschaft einreihen zu können. Er redete mir in der Folgezeit eindringlich zu, eine neue Strickmaschine zu kaufen, eine, mit der man auch feinere Sachen und größere Kleidungsstücke fertigen konnte. Ich folgte seinem Rat, und sein Weitblick sollte sich bald auszahlen.

Als Erstes aber meldete ich mich bei der Handwerkskammer in Frankfurt zur Gesellenprüfung an, doch erneut kam etwas dazwischen. Vierzehn Tage vorher, im Dezember 1944, wurde das Gebäude der Kammer bei einem Bombenangriff zerstört. Da stand ich wieder bei null.

Im Mai 1945 war der Krieg dann zu Ende, aber nun waren wir in Besatzungszonen aufgeteilt. Ich lebte im französisch besetzten Teil, doch die für mich zuständige Kammer befand sich in der amerikanischen Zone. Wie sollte ich jemals zu meiner Gesellenprüfung kommen?

Einige Zeit später erfuhr ich, in Mainz sei eine Nebenstelle der Handwerkskammer eingerichtet worden. Also marschierte ich dorthin, um mich anzumelden. Dabei geriet ich an einen pensionierten Schneidermeister, der fragte: „Warum wollen Sie denn die Gesellenprüfung machen? Sie haben doch als Kriegerwitwe eine Freistellung. Sie brauchen keine Gesellenprüfung zu machen. Machen Sie doch gleich die Meisterprüfung."

„Guter Mann", sagte ich respektlos, „sind Sie noch normal? Ich habe keine Lehre gemacht und keine Gesellenprüfung abgelegt, und da soll ich die Meisterprüfung machen?" Aber er beharrte darauf, dass ich das schaffen würde, und meinte, mein Bruder, den er kannte, würde mir bei den kaufmännischen Dingen schon unter die Arme greifen können.

Jedenfalls meldete er mich bei der Bekleidungsinnung an, in der man Stricker, Weber, Schneider, Kürschner und Hutmacher zusammengefasst hatte, und ich belegte dort sogleich verschiedene Kurse. Außerdem fuhr ich sechs Wochen lang jeden Tag mit dem Fahrrad nach Mainz, um einen Zuschneidekurs mitzumachen, zwanzig Kilometer hin und zwanzig zurück. Gleichzeitig saßen zu Hause in der Firma sechs Mädchen, darunter einige Lehrlinge, die ich bereits ausbildete, ohne überhaupt Gesellin zu sein.

Dann ging es zur Prüfung. Mein Meisterstück war ein Kleid für meine Schwester aus Seidenbouclé mit Wolle. Eine sehr schöne Arbeit, und als ich sie der Prüfungskommission vorlegte, waren alle begeistert. Selbst eine im Gremium sitzende Schneidermeisterin, die auf mich bisher den Eindruck gemacht hatte, als hielte sie sich allein für befugt, den Meistertitel zu tragen, gab mir eine glatte Eins. Dann stand nur noch die mündliche Prüfung aus, die in einer ausgebombten Schule stattfand. Die Räume waren ungeheizt, und durch das Dach tropfte das Schneewasser, sodass wir trotz Mantel, Hut und Handschuhen bibberten. Vorne saß die Prüfungskommission und gegenüber wir Kandidaten. Wir waren ein bunt gemischter Haufen aus den unterschiedlichsten Handwerksberufen, denn die mündliche Prüfung war für alle gleich – egal, welchen Beruf man ausübte.

Dann wurde reihum gefragt. Neben mir saß ein junger Metzger. Einer der Prüfer wandte sich an ihn: „Erklären Sie mir bitte, was man bei der Ausstellung eines Wechsels nicht vergessen darf."

Der junge Mann stand auf und zuckte die Schultern. Wohl um ihm etwas Hilfestellung zu geben, formulierte der Prüfer die Frage anders: „Wie viele Punkte muss man erfüllen bei der Ausstellung eines Wechsels?"

Als noch immer keine Antwort kam, wurde der Prüfer ungeduldig und gab die Frage an mich weiter. Noch heute, wenn ich an diese Situation denke, rutscht mir mein Herz beinahe in die Schuhe. Alles hatte ich gelernt, jahrelang bereits ein Geschäft geführt, aber von Wechseln hatte ich keine Ahnung. Langsam erhob ich mich, faltete meine Hände und flehte innerlich: „Herr, hilf!"

In diesem Moment kam mir ein Wort meines Großvaters in den Sinn: „Ein anständiger Handwerker unterschreibt keinen Wechsel." Diesen Satz sagte ich dann laut und deutlich vor der ganzen Kommission. Es herrschte Totenstille, und ich dachte: Jetzt bist du durchgefallen.

Auf einmal stand der Vorsitzende auf und sagte: „Wenn Sie das durchhalten, gratuliere ich Ihnen heute schon zu Ihrem beruflichen Erfolg."

Das war meine Meisterprüfung im Januar 1946.

Ein konsequentes Mädchen

Betty, Jahrgang 1931, aus Köngernheim in Rheinhessen

Bei meiner Taufe erhielt ich den wohlklingenden Namen: Maria Elisabeth Barbara. Während der anschließenden Tauffeier in meinem Elternhaus stritten sich die drei Patinnen, von denen jede einen ihrer Namen beigesteuert hatte, um meinen Rufnamen. Mir persönlich wäre Barbara am liebsten gewesen, aber ich wurde ja nicht gefragt. Mein Vater hörte sich das aufgeregte Gegacker seiner drei Schwägerinnen eine Weile an, dann sprach er ein Machtwort: „Wir rufen das Kind Betty, und damit hat sich's."

Fortan war ich also die Betty, obwohl mir dieser Name nicht gefiel. Ich sollte das einzige Kind meiner Eltern bleiben. Das war für die damalige Zeit ungewöhnlich. Später, wenn mein Vater auf dieses Thema angesprochen wurde, hörte ich ihn lachend sagen: „Ich habe keine Zeit gehabt."

Ob er damit meinte, er habe keine Zeit gehabt, Kinder zu zeugen, oder ob er damit ausdrücken wollte, er hatte keine Zeit, um Kinder aufzuziehen, bleibt dahingestellt. Aber dass er generell keine Zeit hatte, das stimmte wirklich. Er war viel unterwegs und hat viel gearbeitet, damit wir über die Runden kamen. Zu Beginn seiner Ehe hatte er nichts besessen außer dem Ehrgeiz, mit fünfzig Jahren ein eigenes Häuschen zu haben. Dafür schaffte er Tag und Nacht. Er gönnte sich nichts, und meiner Mutter und mir gönnte er auch nichts.

Wir lebten auf einem Bauerndorf, waren von lauter Bauern umgeben, nur mein Vater war kein Bauer. Was er von Beruf war, lässt sich nicht mit einem Wort umschreiben. Er war äußerst vielseitig und ging mehreren Beschäftigungen nach. Hauptsächlich war er Vertreter für Waschmittel und ähnliche Produkte, die man halt zum Waschen brauchte. Er ist von einem Ort zum anderen gefahren und hatte seine feste Kundschaft. Er besaß ein schweres Motorrad mit einem Anhänger, in dem er seine Ware transportierte. Bei seinen Stammkunden war er gerne gesehen. Die waren froh, dass sie die Waschmittel regelmäßig geliefert bekamen, nicht weit laufen und nichts heimschleppen mussten.

Im Frühjahr hat er zusätzlich mit Sämereien gehandelt, fünfunddreißig Jahre lang. Er hat die Samen von einem Mainzer Großhandel bezogen und dann direkt in kleineren Mengen an die Bauern verkauft. Mein vielseitiger Vater begnügte sich jedoch auch damit noch nicht. Im Frühjahr setzte er selbst große Mengen von Bohnen und Erbsen und zog damit eigene Saat. Wenn er diese verkaufte, blieb unterm Strich mehr für ihn übrig. Sonntags fuhr er dann zusätzlich durch die Lande, um den Bauern Lebensversicherungen aufzuschwätzen – damit war er besonders erfolgreich.

Im Grunde seines Herzens wäre er jedoch am liebsten Landwirt geworden, was ihm von seiner Herkunft her allerdings nicht vergönnt war. Er stammte aus der Pfalz, aus einem Ort namens Münchweiler. Sein Vater starb, als er noch ein kleiner Bub war. Seine Mutter heiratete wieder und zog später mit ihrem Mann und der Tochter aus dieser Ehe nach Bonn. Den Sohn aber ließ sie bei Verwandten in der Pfalz zurück.

Viele Jahre später gingen zwei Schwestern meiner Mutter nach Münchweiler in Stellung, lernten dort zwei junge Männer kennen und heirateten. Zur Familie dieser Männer gehörte auch mein Vater, und als der ins heiratsfähige Alter kam, haben die beiden Schwestern ihm meine Mutter warm ans Herz gelegt. Ihr haben sie geschrieben, dass sie einen netten Burschen für sie wüssten, den solle sie sich mal ansehen. Der junge Mann ist also mit seinem Motorrad nach Köngernheim gefahren und hat das Mädchen in Augenschein genommen. Beide hatten sie nichts, aber sie fanden Gefallen aneinander. Wenig später haben sie geheiratet.

Leider war damit keine Einheirat in einen Bauernhof verbunden, und deshalb versuchte mein Vater auf andere Weise, seine Liebe zur Landwirtschaft auszuleben. Er pachtete mehrere Äcker, die er, soweit Maschinen erforderlich waren, von den Bauern bestellen ließ. Da sie dies unentgeltlich taten, musste ich das später „abarbeiten". Das heißt, als ich alt genug war, musste ich mit den Bauern aufs Feld, jeden Sommer. Das ging mir arg gegen den Strich.

Alles, was „Handarbeit" in seiner Landwirtschaft war, erledigte mein Vater selbst. Oft musste ich ihn schon als Kind begleiten und beispielsweise im Herbst bei der Kartoffel- und Rübenernte helfen.

Mein Vater hatte aber nicht nur Äcker und Wiesen gepachtet, sondern hielt auch Tiere: fünf oder sechs Kühe, ein Pferd, ein paar Schweine, einige Hühner. Für diese hatte er bei einem anderen Bauern Stallungen gemietet. Jeden Tag ist er hin, um die Tiere zu füttern, auszumisten und die Kühe zu melken. Da meine Eltern beide mit nichts angefangen hatten, aber zu etwas kommen wollten, ging meine Mutter ebenfalls mit den Bauern aufs Feld. Deshalb war sie froh, dass es in unserem Dorf damals bereits einen Kindergarten gab, den ich ab meinem dritten Geburtstag besuchte. Ich ging gerne hin, weil dort immer etwas los war und ich viele Kinder zum Spielen hatte. Im Kindergarten fand ich meine erste Freundin Christa. Viele Jahre sind wir zusammen durch dick und dünn gegangen, bis wir uns wegen der Burschen in die Haare gerieten, und aus war es mit der Freundschaft.

Als ich dann zur Schule ging, kam meine Mutter mittags für zwei Stunden nach Hause, um für sich und mich Essen zu machen. Um ein Uhr ging sie wieder zur Arbeit, nicht ohne die strenge Anweisung zu geben, meine Hausaufgaben ordentlich zu erledigen. Sie würde sie am Abend anschauen. Das tat sie auch ausnahmslos, und wehe, es war nicht alles so, wie es hätte sein sollen!

Ehe die Mutter wegging, ermahnte sie mich zusätzlich: „Es kommen mir ja keine Kinder ins Haus!" Das hat mich wenig gestört, denn sobald ich mit den Hausaufgaben fertig war, zog ich ab in die Nachbarschaft. Die hatten alle mehrere Kinder, und da kam es auf eines mehr oder weniger nicht an. Am liebsten ging ich zu der gleichaltrigen Eva und ihren beiden Schwestern. In der Küche haben wir immer auf dem Kohleherd Brotschnitten geröstet und diese mit Schweineschmalz bestrichen. Das war gut! Gewiss, daheim hätte ich auch Brot nehmen dürfen und Schmalz, aber ich hätte es nicht auf der blank gescheuerten Herdplatte rösten dürfen. Das hätte ja Flecken gegeben! Das ging auf keinen Fall. Der Herd musste immer blinken und blitzen.

Wir lebten in einer winzigen Wohnung, in der immer alles wie geleckt sein und alles programmmäßig ablaufen musste. Eines Tages kam mein Vater nicht wie angekündigt zum Mittagessen, und meine Mutter, die aufs Feld zurückmusste, beauftragte mich, ihm später sein Essen aufzuwärmen, was ich auch gewissenhaft erledigte. Weil ich aber durch diese Verzögerung nicht rechtzeitig bei den Nachbarn auftauchte, kamen die Mädchen nachschauen, und weil sie nun schon mal da waren, sah ich das als günstige Gelegenheit, sie hereinzulassen. Alle Ermahnungen der Mutter waren vergessen. Stolz führte ich meine Spielgefährtinnen in die Küche, jedoch mit der Auflage, nichts anzufassen und zu verändern. Bald wurde ich ganz übermütig und ging mit ihnen in das Schlafzimmer meiner Eltern, das ich sonst nie betreten durfte. Neugierig zogen wir alle Schubladen auf und erforschten ihren Inhalt. Sorgfältig schoben wir sie wieder zu, um nur ja keine Spuren zu hinterlassen.

Abends hat es trotzdem gerauscht. Woran meiner Mutter aufgefallen ist, dass wir im Schlafzimmer und an den Schubladen waren, dahinter bin ich nie gekommen. Aber sie hatte es sofort bemerkt. Sie stellte mich massiv zur Rede, und ich habe kein zweites Mal so etwas gewagt, denn vor meiner Mutter hatte ich einen Heidenrespekt wegen ihrer unerbittlichen Konsequenz.

Mein Vater war das genaue Gegenstück. Schon als Kind habe ich mich oft gefragt, wie die beiden sich überhaupt gefunden haben! Wie konnte das überhaupt gehen? Die waren doch wie zwei verschiedene Paar Schuhe. Aber es ging irgendwie. Allerdings haben damals die wenigsten Frauen aufgemuckt, denn was hätten sie denn alleine anfangen sollen? Man war ja schon froh, wenn man einen Mann hatte, der arbeitsam war, der einen nicht schlug und der nicht trank. Und so hat auch meine Mutter trotz ihrer Konsequenz letztlich immer pariert.

In die Schule, in der alle acht Jahrgänge zusammen in einer Klasse saßen, ging ich eigentlich gern. Zumindest bis zum siebten Schuljahr, als wir einen neuen Lehrer bekamen. Es war gegen Ende des Krieges, die Lebensmittel waren knapp, und damals habe ich beobachtet, wie einige Kinder dem Lehrer heimlich etwas zusteckten. Bald fiel mir auf, dass diese Schüler von ihm bevorzugt behandelt und nur abgefragt wurden, wenn sie sich meldeten. Uns andere rief er aber gerade dann auf, wenn wir uns nicht meldeten. Eine solche Ungerechtigkeit ging mir gegen den Strich. Eines Tages fragte dieser Lehrer etwas ab, was er tags zuvor durchgenommen hatte. Da ich weder zu Hause ins Buch geschaut, noch die Sache in der Schule kapiert hatte, habe ich den Finger nicht gehoben. Die anderen schienen es auch nicht zu wissen. Prüfend schaute der Lehrer in die Runde und rief dann mich auf. „Ich weiß es nicht", gab ich ehrlich zu. „Ich habe es nicht gelernt." Weitere Schüler, die er befragte, konnten ihm die gewünschte Antwort auch nicht geben. Wieder wurden die Kinder, die ihm etwas zugesteckt hatten, ausgespart.

Vermutlich, weil er erkannte, dass das Thema zu schwer gewesen war, nahm er den Stoff noch einmal durch. Am nächsten Tag fragte er wieder ab. Wieder hob sich kein einziger Finger. Obwohl ich es mir zu Hause durchgelesen hatte, habe ich mich nicht gemeldet, weil ich mir nicht sicher war. Mein Mädchenname ist Mechnich. Der Lehrer aber rief: „Bettchen Möchtenicht, steh auf!" Auf diese Anrede reagierte ich nicht. „Steh auf!", befahl er in schärferem Ton. Ich blieb sitzen. Noch einmal ertönte vom Pult seine Stimme: „Bettchen Möchtenicht!" Ich stand nicht auf. Da schoss er auf mich zu, packte mich am Ärmel, zerrte mich mit zum Pult und schrie: „Die Hände hinlegen!" Ich gehorchte, und er zog mit dem Stock kräftig darüber. Vor Wut und Schmerz liefen mir die Tränen über die Wangen, aber ich habe keinen Laut von mir gegeben.

Von da an war ich für ihn nur noch Bettchen Möchtenicht. Von diesem Vorfall erzählte ich daheim jedoch nichts. Ich hatte das Gefühl, ich würde ohnehin keinen Rückhalt haben. Mein Vater war immer unterwegs, und die Einstellung meiner Mutter ging dahin, dass man tut, was einem befohlen wird. Einige Tage später kam unser Lehrer auf dem Weg vom Bahnhof zur Schule durch eine Straße, in der auf einem dicken Baum seit vielen Jahren ein Storchenpaar sein Nest hatte. Gerade in dem Moment, als der Lehrer vorbeiging, ließ der Storch von oben etwas fallen, und dieses Etwas landete auf dem schönen Hut des Lehrers. Kurz darauf betrat er den Schulsaal und fragte in die Runde: „Wer wohnt hier in der Nähe?"

„Die Betty", schrie die ganze Meute einstimmig. Es gab zwar zwei weitere Schülerinnen, die ebenso nah wohnten wie ich, aber die Kinder hatten nur meinen Namen gerufen.

„Ach! Das Bettchen Möchtenicht wohnt in der Nähe", säuselte er. Mit Befehlsstimme fügte er hinzu: „Du gehst sofort nach Hause und machst meinen Hut sauber."

Von mir kam keine Reaktion. Die anderen schauten alle, als ob sie sagen wollten: Ist die jetzt ganz verrückt geworden? Dem Lehrer muss man doch gehorchen.

Nach längerem Überlegen stand ich schließlich auf und sagte: „So heiße ich nicht. Und Ihren Hut mache ich auch nicht sauber."

Mit zornrotem Gesicht stürzte er auf meine Bank zu und brüllte: „Hände hinlegen!"

Das tat ich, und er schlug wieder brutal zu. Statt meiner ging dann die Lena mit seinem Hut nach Hause und brachte ihn sauber wieder zurück.

Von dieser Stunde an hat mich der Lehrer nichts mehr gefragt. Das war endlich ein Anlass für mich, meiner Mutter davon zu berichten.

Wie befürchtet, hat sie mir das nicht abgenommen. Deshalb klagte ich mein Leid der Großmutter, die im selben Haus wohnte. Wenigstens die nahm mich in Schutz. Meiner Mutter hielt sie vor: „Das kann doch nicht in Ordnung sein, was da abgeht. Frag doch wenigstens in der Schule mal nach, ob sich das so verhält, wie die Betty das geschildert hat, oder ob es anders ist."

Daraufhin ging meine Mutter zum Lehrer. Sie fragte, ob das stimme, was ich ihr erzählt hatte. Er hat sich gewunden wie ein Wurm und wollte es nicht richtig zugeben. Abgestritten hat er es aber auch nicht, und so hat sie mir wenigstens geglaubt. Das war mir wichtig, auch wenn sie beim Lehrer nichts ausgerichtet hat. Im Gegenteil, diese Aussprache muss ihn noch mehr gegen mich eingenommen haben. Er nahm mich nämlich weiterhin nicht dran. Ich saß vor ihm in meiner Bank, aber ich war Luft für ihn. Das rief meinen Trotz hervor. Ich lernte mit besonderem Eifer, machte meine Hausaufgaben mit größter Sorgfalt und passte im Unterricht auf wie ein Luchs. Ich sagte mir, dass es letztendlich doch nicht wichtig war, dass er mich abfragte, sondern dass ich den Stoff beherrschte.

Zum Glück lag nur noch ein Jahr Schulzeit vor mir. Dieses ganze Jahr über hat der Lehrer nicht ein einziges Mal das Wort an mich gerichtet. Es war eine wirklich böse Erfahrung, so völlig links liegen gelassen zu werden. Mit allen vorherigen Lehrern hatte es nie Probleme gegeben. Aber mit dem war es schlimm für mich. Jeden Morgen bin ich mit Bauchweh in die Schule gegangen.

Als ich endlich aus der Schule kam, wollte ich einen Beruf erlernen. Ich wollte raus aus dem Elternhaus, raus aus der Enge des Dorfes – ich wollte Geld verdienen. Völlig selbstständig hatte ich alles geregelt.

Wie erwähnt, verkaufte mein Vater für eine Großhandlung in Mainz Sämereien. Diese verschiedenen Samen wurden uns immer in Kilopaketen von einem Vertreter der Firma ins Haus gebracht, und dazu lieferte er kleine cremefarbene Tütchen, in die die Samenkörner abgefüllt werden mussten. Anfangs hatte das mein Vater gemacht, und nur, wenn er absolut keine Zeit hatte, sprang meine Mutter ein. Sobald ich aber lesen konnte, musste ich diese Aufgabe übernehmen, und ich tat es mit Begeisterung.

Bevor man die Tütchen füllte, mussten sie gestempelt werden. Auf die Rückseite wurden einfach unser Name und unsere Adresse gestempelt. Für die Vorderseite jedoch gab es verschiedene Stempel, für jede Samensorte einen anderen. In diesen Stempeln waren zudem freie Stellen, in die man die Zahlen und Buchstaben für Füllgewicht, Saatjahr und Preis einfügte – da musste man ganz schön aufpassen. Nachdem das Saatgut eingefüllt war, wurde die Lasche des Tütchens zweimal umgeschlagen und an den Ecken umgeknickt. Immer zehn Tütchen von einer Sorte fasste ich mit einem Gummiband zusammen und stellte sie in einen Kasten. Die vollen Kästen kamen schön sortiert auf den Motorradanhänger, und mein Vater fuhr damit zu seiner Kundschaft.

Ich setzte meinen ganzen Ehrgeiz darein, immer alles richtig zu machen, und mir ist niemals etwas durcheinandergeraten. Dem Vertreter der Samenfirma sind meine Geschicklichkeit und meine Gewissenhaftigkeit aufgefallen, und er lobte mich immer, wenn er mich bei meiner Arbeit antraf. Als ich im letzten Schuljahr war, fragte er mich, ob ich nicht bei ihnen eine Lehre machen wollte. Und ob ich das wollte! Wir waren uns also einig, dass ich gleich nach meiner Schulentlassung in die Firma eintreten würde. Er machte alles klar mit seinem Chef. Meine Mutter hatte auch nichts dagegen, doch wir hatten die Rechnung ohne meinen Vater gemacht!

„Das kommt überhaupt nicht infrage“, polterte er los. „Du bist unsere Einzige. Wir werden dich doch noch ernähren können. Du hast es überhaupt nicht nötig, arbeiten zu gehen.“

Dass ich nicht lache! Nicht nötig! Was hatte ich denn davon gehabt, dass ich das einzige Kind war? Es war doch nie Geld da. Wir konnten uns nichts leisten. Wenn ich mal ein paar Schuhe wollte oder ein Kleid, dann hieß es: „Wir haben kein Geld.“

Derselbe Mann, der das immer behauptet hatte, bestimmte nun: „Meine Betty bleibt daheim! Die hat das Arbeiten nicht nötig!“ Diese Äußerung hat mich wahnsinnig gemacht. Aber noch gab ich nicht auf. Bei seinem nächsten Besuch klemmte ich mich hinter den Vertreter. Weil der mich unbedingt für seine Firma haben wollte, bekniete er meinen Vater: „Lassen Sie die Betty doch eine Lehre bei uns machen. Sie ist so gewissenhaft und so geschickt, die würde es weit bei uns bringen. Sie könnte zum Beispiel an der Kasse eine Dauerstellung bekommen. Da würde sie ganz gut verdienen.“

Auch das beeindruckte meinen Vater nicht. Er erlaubte lediglich nach eindringlichem Zureden meiner Mutter, dass ich für anderthalb Jahre die Frauenarbeitsschule in Mainz besuchen durfte.

Danach setzte sie noch durch, dass ich zwei Winter lang in einem Nachbarort bei Ordensschwestern nähen lernte, vor allem Stopfen und Flicken, was in der damaligen Zeit Fähigkeiten waren, die man unbedingt brauchte. Heute lachen meine Enkel darüber: „Ach Oma, warum musst du flicken und stopfen? Kauf doch einfach etwas Neues." Aber genau das ging damals nicht. Es war ja nie Geld da, und außerdem war es in der Nachkriegszeit schwer, überhaupt etwas aufzutreiben.

Inzwischen war ich siebzehn geworden und hatte immer weniger Lust, auf den Feldern zu arbeiten. Mein Vater aber bekam nicht genug und pachtete einen weiteren Acker von einem anderen Bauern dazu. Dieser Bauer beschäftigte im Sommer immer drei Mädchen, und eine davon war ich. Da die beiden anderen gerne draußen arbeiten wollten, blieb für mich die Hausarbeit, die mir ohnehin lieber war. Ich musste waschen, bügeln, putzen. Geld bekam ich dafür keines, denn auch diese Arbeit fiel unter die Rubrik „Abarbeiten". Diese Tätigkeiten fielen nicht regelmäßig an, sondern sie bestellten mich, wie sie mich brauchten: einmal in der Woche oder zweimal oder dreimal. In der übrigen Zeit musste ich zu den anderen Bauern oder auf unsere gepachteten Felder.

Nur bei der Altbäuerin habe ich einmal ein paar Mark verdient. Sie sprach mich an, ob ich für sie waschen würde. Bereitwillig sagte ich zu. Es war keine schwere Arbeit, denn sie besaß bereits eine Waschmaschine. Ich brauchte die Wäsche nur zu sortieren, einzufüllen, herauszunehmen und im Garten aufzuhängen. Zuerst wusch ich die Weißwäsche. Nachdem diese bereits im Wind flatterte, machte ich mich daran, einen Korb Herrenhemden aufzuhängen – mit dem Saum nach oben, wie ich es von daheim gewöhnt war. Nach vollbrachter Arbeit ging ich ins Haus und nahm meinen Lohn in Empfang. Beiläufig warf die alte Frau einen Blick aus dem Fenster. „Ja, was ist denn das?", schrie sie mich an. „Mit den Burschen könnt ihr gehen, aber noch nicht mal anständig ein Hemd aufhängen!" Nach ihrer Meinung war es nur richtig, die Hemden mit der Schulterpartie nach oben aufzuhängen. Da war es bei mir aus. Nie wieder wusch ich für diese Frau. Hätte sie mich in normalem Ton gebeten, die Hemden andersherum aufzuhängen, dann hätte ich das widerspruchslos gemacht. Aber mich so runterputzen zu lassen, das hatte ich nicht nötig. Meiner Mutter habe ich diesen Entschluss am selben Abend noch mitgeteilt. Sie zeigte sogar Verständnis für mich. Aber mein

Vater durfte das nicht mitkriegen. Obwohl er sonst ein gutmütiger Mensch war, rastete er aus, wenn jemand seine Stelle schmiss.

Im Jahr 1950 war es endlich so weit: Mein Vater konnte damit beginnen, seinen Traum vom eigenen Häuschen zu verwirklichen. Bis dahin hatten wir in einer kleinen Wohnung im Haus der Großmutter gewohnt, in einem seitlichen Anbau, den mein Vater eigenhändig aufgestockt hatte, um mehr Platz zu schaffen. Eigentlich war diese Frau gar nicht meine Großmutter – wir nannten sie nur so. Sie war die Schwester meiner Großmutter, die früh verstorben war. Diese Frau, also in Wirklichkeit meine Großtante, hatte einen Enkel, der 1952 heiratete. Seine Frau spielte sich gleich auf und forderte: „Die müssen raus, wir wollen das alles umbauen."

Wir mussten also Hals über Kopf ausziehen in ein Haus, in dem noch gar nichts fertig war. Wir wohnten praktisch in einem Rohbau. Es war nichts verputzt, es gab keine Türen, kein Wasser, kein Licht. Hätten wir die Leute vom Elektrizitätswerk bestellt, hätten die sofort die Hand aufgehalten, noch ehe eine Leitung verlegt war. Deshalb ließ mein Vater sie erst gar nicht kommen, denn es war kein Geld mehr da. Der Rohbau hatte alles verschlungen. Einen Kredit aufzunehmen, daran dachte mein Vater gar nicht. Vielleicht hätte er auch keinen bekommen, weil er weder über Grundbesitz noch ein geregeltes Einkommen verfügte. Es war furchtbar, wie wir da hausen mussten. Erst wenn mein Vater wieder ein bisschen zusammengespart hatte, wurde der nächste Schritt an unserem Haus gemacht. Ich hatte es satt, so zu leben, aber ich sah keinen Ausweg und blieb weiter in der Tretmühle.

Erst, als ich zwanzig war, kam die große Wende in meinem Leben. Besser gesagt, ich führte diese gewaltsam herbei. Es war zur Zeit der Getreideernte. Zu dritt arbeiteten wir auf einem riesigen Feld. Außer mir waren das Eva, mit der ich von klein auf befreundet war, und der Bauer, bei dem ich für meinen Vater Frondienste leisten musste. Dieser Mann hatte bereits eine Mähmaschine, keinen Mähdrescher natürlich, wie man sie heute hat, denn die Garben mussten anschließend von Hand gebunden werden. Mit dieser Arbeit waren wir Mädchen gerade beschäftigt, als am nahen Bahnhof unsere regionale Bummelbahn aus Mainz eintraf. Es ging schon auf den Abend zu, und mit neidvollen Blicken sah ich, wie die Leute vom Bahnhof nach Hause strebten. Unter ihnen war eine ehemalige

Klassenkameradin von mir, die Dora. Die hatte zunächst auch keinen Beruf erlernt, sich dann aber mutig bei der Post beworben und das große Glück gehabt, genommen zu werden. Jetzt hatte sie einen sicheren Posten und verdiente gutes Geld. Ich dagegen bekam für meine Arbeit keinen Pfennig. Dora kam also vom Bahnhof und musste direkt an unserem Feld vorbei. Wir arbeiteten so dicht an der Straße, dass sie uns sehen musste, ob sie wollte oder nicht. Sie aber schritt ganz stolz vorbei, als wären wir überhaupt nicht vorhanden. Sie erwiderte nicht einmal unseren Gruß! Das reichte! Nach diesem Abend würde man mich nie mehr auf einem Acker sehen. Und so teilte ich nach Beendigung meiner Arbeit dem Bauern mit, dass ich nicht mehr wiederkommen würde.

Eva, die das gehört hatte, versuchte mich umzustimmen. „Du hast sie doch nicht mehr alle. Das kannst du nicht machen! Das hättest du nicht sagen dürfen."

„Nein", antwortete ich, „jetzt ist Schluss."
„Warum denn?"

Unter Tränen erklärte ich: „Schau mal, wo die Dora herkommt. Ich habe ein schöneres Zuhause als sie. Ich habe es von Kindheit an besser gehabt als sie, aber ich muss aufs Feld gehen und für die

Bauern arbeiten. Nur weil mein Vater sich einbildet, er muss den Landwirt spielen. Das bringt doch nichts."

Verständnislos schüttelte Eva den Kopf: „Was hat denn die Dora damit zu tun?"

„Das will ich dir erklären", schluchzte ich völlig außer mir. „Ich stehe hier dreckig und verschwitzt und muss meinen Rücken krumm machen. Und die feine Dame stolziert erhobenen Hauptes an uns vorbei, nur weil sie in einem Büro sitzt und sich die Hände nicht schmutzig zu machen braucht. Sie hat es nicht mal mehr nötig, uns zu grüßen."

Eva schaute mich an, als habe sie kein Wort verstanden. Deshalb sah ich mich zu einer Erklärung genötigt: „Ja, hast du nicht gemerkt, wie hochnäsig sie an uns vorbei ist, nur weil sie ein schickes Kleid anhat und wir in Lumpen hier arbeiten müssen?"

„Das darfst du so nicht sehen", versuchte Eva mich zu beschwichtigen. „Die hat das nicht so gemeint."

„Doch", beharrte ich, „wir sind es nicht wert, dass sie uns grüßt, weil wir so dreckig sind und eine so geringe Arbeit machen."

„Das glaube ich einfach nicht. Das muss einen anderen Grund haben", redete Eva vergebens auf mich ein. Ich war nicht zu überzeugen, und die Sache hat mich ein Leben lang beschäftigt. Zufällig ist Dora bald danach weggezogen, und jahrzehntelang sah ich sie nicht mehr. Vor zwei Jahren dann machte eine Schulkameradin Doras Adresse in Bayern ausfindig. Wir waren zu fünft, als wir ihr einen Besuch abstatteten. Ich nahm die Gelegenheit wahr, der alten Geschichte auf den Grund zu gehen. „Dora", begann ich, als ich einmal kurz mit ihr allein war, „kannst du dich noch an den Tag erinnern, als du aus dem Zug gestiegen und so stolz an mir vorbeigegangen bist?"

„Du bist ja verrückt!", war ihre spontane Antwort. Damit gab ich mich jedoch nicht zufrieden. „Ich könnte dir noch genau sagen, was du damals angehabt hast. Du sahst so elegant aus und kamst dir wohl zu fein vor, die Eva und mich in unseren verdreckten Arbeitskleidern zu grüßen."

„Ach geh, Betty, das hast du dir bestimmt eingebildet."

Sollte ich ihr all die Jahre Unrecht getan haben? Oder hatte sie diesen Vorfall wirklich vergessen? Vielleicht war es ihr auch nur peinlich, ihr damaliges Fehlverhalten zuzugeben. Egal wie, an jenem Abend vor fast fünfundfünfzig

Jahren war ich felsenfest davon überzeugt, dass ich ihr nicht gut genug war. Und diese Annahme hat mein Leben von Grund auf verändert. Dafür bin ich ihr heute noch dankbar.

Nach diesem bewussten Abend ging ich heim und badete, was man so baden nannte. In der Küche füllte ich eine kleine Zinkwanne mit warmem Wasser und wusch mich mit dem Waschlappen von oben bis unten ab.

Am nächsten Morgen verließ ich zeitig das Haus. Ich weiß heute noch, als sei es gestern gewesen, was ich damals trug: einen grünen Rock und eine gelbe Bluse. Darüber hatte ich eine selbst gestrickte, dicke rot-grüne Wolljacke, die der damaligen Mode entsprechend etwas länger war und auf dem Rücken in Taillenhöhe einen breiten Gürtel hatte, der rechts und links mit einem Knopf befestigt war. In meine gelbe Umhängetasche packte ich die wichtigsten Unterlagen. Vorher hatte ich mir von meiner sogenannten Oma ein paar Mark geliehen. Niemandem hatte ich verraten, wohin ich wollte, auch ihr nicht.

Erhobenen Hauptes ging ich zum Bahnhof, löste eine Fahrkarte und setzte mich in den Zug. In Mainz am Hauptbahnhof war für mich Endstation. Da stand ich nun auf dem großen, freien

Platz und wusste nicht, wohin. Ich kannte die Stadt ja kaum. Das Einzige, was ich wusste, war, dass es auf der Ingelheimer Aue eine Schneiderei gab, die irgendwann einmal in der Zeitung eine freie Stelle angeboten hatte. Ich fasste mir ein Herz und fragte nach dem Weg. Ein Mann erklärte mir, welche Straßenbahn ich nehmen und wo ich aussteigen musste. Schließlich stand ich in Rheinnähe auf einer Straße voller Unrat. Mein Gott, dachte ich, wo musst du nun hingehen? Aufs Geratewohl stieg ich durch den Dreck nach links und hielt mich am nächsten Querweg wieder links. Plötzlich sah ich an einem Gebäude die riesige Aufschrift „Mode Bäumler", etwas kleiner darunter der Zusatz „Herrenkonfektion". Ich hatte es geschafft! Ich war am Ziel.

Von draußen vernahm ich schon das Rattern der Nähmaschinen. Es erschien mir in diesem Moment wie liebliche Musik. Unter dem Begriff „Herrenkonfektion" konnte ich mir allerdings nichts Konkretes vorstellen. Mutig betrat ich das Gebäude; ein Hinweisschild wies mir den Weg durch einen langen, schmalen Gang zum Büro. Klopfenden Herzens betrat ich den Raum. An einem riesigen Schreibtisch saß ein Herr, der sich mit „Baum" vorstellte. Ich trug ihm mein Anliegen vor.

„Ja, mein liebes Fräulein, da muss ich Sie leider enttäuschen. Im Moment stellen wir niemanden ein."

Meine Enttäuschung muss mir im Gesicht gestanden haben, denn wohlwollend fügte er hinzu: „Was haben Sie denn gelernt?"

„Nichts", gestand ich mit gesenktem Kopf.

„Aber Sie müssen doch etwas gemacht haben in der Zeit seit Ihrer Schulentlassung."

Da erzählte ich ihm vom Besuch der Frauenarbeitsschule und dass ich bei Ordensschwestern für den Hausgebrauch nähen gelernt hatte. Im Übrigen sei ich immer nur in der Landwirtschaft und im Haushalt tätig gewesen. Während meiner Erzählung wiegte er bedächtig seinen Kopf, wodurch ich ständig zwischen Hoffen und Mutlosigkeit hin- und hergerissen wurde. Nachdem ich geendet hatte, fertigte er mich kurz und knapp mit den Worten ab: „Es tut mir leid."

Dann muss ihn mein verzweifelter Gesichtsausdruck gerührt haben. Wohl um mich zu trösten, fügte er hinzu: „Lassen Sie mal Ihre Adresse da. Wenn etwas frei ist, gebe ich Ihnen Bescheid."

Damit war ich entlassen. Dennoch bedankte ich mich höflich, murmelte „Auf Wiedersehen" und schlich wie ein geprügelter Hund davon. Mit der Straßenbahn fuhr ich zurück zum Bahnhof. Dort verwirrten mich die vielen Gleise, die Bahnsteige, die Fahrpläne, und so wandte ich mich Hilfe suchend an einen Bahnbeamten, der mir freundlich den richtigen Zug nannte und den richtigen Bahnsteig zeigte. Während der Heimfahrt wurde ich mir meiner verzweifelten Lage so richtig bewusst. Meine Arbeit beim Bauern hatte ich geschmissen, und es gab kein Zurück mehr. Mein Ausflug nach Mainz war ein Reinfall gewesen, und alle Aussichten auf eine Arbeit, die mir zugesagt hätte, waren zunichte. Meine Zukunft sah also mehr als düster aus.

Mit diesen trüben Gedanken erreichte ich am frühen Nachmittag unseren Bahnhof. Doch niemand sollte mir meine Niederlage auf der Ingelheimer Aue anmerken, niemand sollte je davon erfahren. Man hätte mich nur ausgelacht. Also straffte ich meinen Rücken und marschierte in Richtung meines Elternhauses. Nicht weit vom Bahnhof sah ich meine Mutter mit einer Frau zusammenstehen, die für ihre Neugier bekannt war. Deshalb war sie hocherfreut, als sie mich erblickte. Schon von Weitem rief sie: „Komm mal her!“ Kaum hatte ich mich auf einige Schritte genähert, begann sie schon mit dem Kreuzverhör: „Sag mal, wo warst du denn? Was hast du gemacht?“

„Das ist meine Sache", entgegnete ich trotzig, drehte mich um und eilte nach Hause. Dort zog ich mich um und machte mich an meine üblichen Arbeiten im Haus, als sei ich nie in der „großen Welt" gewesen. Vielleicht waren anderthalb Stunden seit meiner Rückkehr vergangen, da klopfte es an der Küchentür. Eine Türklingel besaßen wir keine, und die Haustür stand immer offen.

„Ja", rief ich, „komm rein!", nicht wissend, wer draußen stand. Es war die Frau von unserer Poststelle.

„Du, Betty", eröffnete sie mir, „der Bürgermeister hat mich geschickt. Er hat einen Anruf bekommen aus Mainz. Du sollst morgen früh um acht Uhr in dem Betrieb sein."

Verdattert bat ich: „Wie? Lisa, sag das noch mal!"

„Ja, mehr kann ich dir nicht sagen. Das Beste ist, du gehst selbst zum Bürgermeister, der wird es dir dann erklären."

Mein Gott, dachte ich, was hat denn das zu bedeuten? Ich ließ alles liegen und stehen und lief in meiner Arbeitskleidung zum Bürgermeister. „Du, Betty, ich habe eine gute Nachricht für dich", begrüßte er mich.

„Ja, sagen Sie mal, wie ist denn das möglich?

Ich komme doch gerade erst aus Mainz zurück. Heute Morgen habe ich mich da beworben, und da hat man mir gesagt, sie würden niemanden einstellen. Von meinem Besuch dort weiß außerdem niemand etwas. Sie wissen es jetzt eher als meine Leute."

„Ja", erklärte er mir, „vor zehn Minuten bekam ich einen Anruf von einem Herrn Baum, und bei dem sollst du morgen früh um acht Uhr vorsprechen."

Wie eine Schlafwandlerin legte ich den Weg nach Hause zurück. Noch wusste ich nicht, was dieser Anruf zu bedeuten hatte.

Es musste aber etwas Gutes sein, sonst hätte sich Herr Baum nicht die Mühe gemacht, die Telefonnummer unseres Bürgermeisters herauszufinden und ihn so rasch anzurufen.

Deshalb hielt ich es für an der Zeit, meine Mutter einzuweihen: „Mama, horch, du hast mich doch gesehen, als ich die Straße vom Bahnhof gekommen bin."

„Und wo warst du, wenn ich das wissen darf?" Ihr Ton war nicht gerade einladend.

Ganz ruhig erklärte ich ihr. „So wie bisher kann es nicht weitergehen. Nie ist Geld da. Wir können am Haus nicht weiterarbeiten. Statt vorwärtszukommen, geht es eher rückwärts. Und wie bei uns alles aussieht! Oben sind die Fenster mit Brettern zugenagelt, weil wir den Glaser nicht zahlen können. Das mache ich nicht mehr mit. Ab morgen nehme ich in Mainz eine Arbeit an." Die Einzelheiten meines Besuchs in Mainz beschrieb ich ihr nicht näher. Mit keinem Wort erwähnte ich, dass ich am Morgen abgelehnt worden war und dass ich die Zusage erst per Telefon bekommen hatte. Ihr habe ich den Eindruck vermittelt, als sei am Morgen schon alles perfekt gewesen. Wie die Geschichte wirklich abgelaufen ist, hat in meinem Dorf nie jemand erfahren. Der Bürgermeister hat dichtgehalten und die Lisa von der Post ebenfalls. Später erfuhr ich von Herrn Baum, wie sich die Sache wirklich verhalten hatte. Von Anfang an war er an mir interessiert gewesen, weil meine couragierte Art ihm gefiel. Er wollte mir aber keine Hoffnungen machen, ehe er nicht mehr über mich wusste. Deshalb hat er sich an den Bürgermeister gewandt, um Auskünfte einzuholen.

Pünktlich um acht stand ich am nächsten Morgen wieder in seinem Büro und wieder mit klopfendem Herzen. Herr Baum empfing mich äußerst liebenswürdig: „An der Nähmaschine haben wir leider wirklich nichts frei, nur beim Zuschneiden gäbe es eine Möglichkeit, aber das haben Sie nicht gelernt, oder? Wollen Sie es trotzdem probieren?"

„Ja, bitte", antwortete ich. „Es kann nicht weniger als nichts dabei herauskommen. Und wenn ich etwas verschneide, dann komme ich dafür auf. Stellen Sie mich bitte ein."

In dem Zuschneideraum sah ich dann drei Männer und drei Frauen, alles Städter, alles gelernte Herren-Schneider. Ihnen wurde ich zugesellt – ich, ein Landmädchen ohne die geringste Erfahrung in diesem Handwerk. Eine der Frauen bekam den Auftrag, mich anzulernen. Zum Glück kapierte ich ziemlich schnell, was ich zu tun hatte. Es waren immer zweiunddreißig Lagen Stoff, die gleichzeitig mit einer senkrecht laufenden Bandsäge geschnitten wurden. Da es sich um Karo- oder Streifenstoffe handelte, musste der Schnitt vorher aufgezeichnet werden, damit das Muster später in dem fertigen Kleidungsstück auch richtig verlief. Dieses Aufzeichnen war Aufgabe der Männer. Nach ihrer Zeichnung musste ich den Zuschnitt für zweiunddreißig Sakkos auf einmal machen, doch damit hatte ich keine Schwierigkeiten.

Jede von uns drei Zuschneiderinnen führte ein Buch, in das man die Nummern der Lagen eintrug, die man zugeschnitten hatte. Nach kurzer

Zeit lief alles prima, aber nach einem halben Jahr hieß es plötzlich: „Eine Lage ist total verschnitten. Wer war das?"

Betretenes Schweigen auf allen Seiten, dann die Beteuerungen der anderen Frauen: „Also ich war's nicht."

Einer der drei Männer im Zuschneideraum, so ein kleiner mit Schnurrbart, war von Anfang an gegen mich gewesen. Bauernlies nannte er mich verächtlich, und auch jetzt erhob er seine Stimme: „Bauernlies, das warst du!"

„Wenn ich es war, dann stehe ich dafür grade. Machen Sie sich keine Sorgen", gab ich zurück.

Tatsächlich war ich überzeugt, dass nur ich diesen Mist gebaut haben konnte, denn die anderen waren ja alle gelernte Schneider, und so ließ ich geduldig die Vorhaltungen meines Chefs über mich ergehen und versprach, mit meinem Lohn für den Schaden aufzukommen. Wie ich mich auf dem Heimweg an diesem Tag gefühlt habe, das kann ich gar nicht beschreiben, und mit Bauchweh betrat ich am nächsten Morgen den Zuschneideraum, wo ich zu allem Überfluss auch noch vorwurfsvolle Blicke erntete. Nur Frau Meister, die mich am Anfang eingewiesen hatte, nahm mich mittags beiseite und sagte: „Sie tun mir wirklich leid."

„Warum?“, fragte ich überrascht.

„Sie können die Sache doch überprüfen.“

„Was denn? Wie denn? Wie soll ich das kontrollieren? Die haben doch alle gesagt, sie waren es nicht. Also kann doch nur ich es gewesen sein“, gestand ich hilflos ein.

„Sind Sie so blöd oder stellen Sie sich nur so? Holen Sie mal Ihr Buch.“

Ich begriff immer noch nicht: „Was nützt mir das Buch?“

„Verstehen Sie nicht? Wenn Sie es waren, müssen sich die entsprechenden Nummern in Ihrem Buch finden.“

Da dämmerte es mir auf einmal: „Ach so!“ So weit hatte ich gar nicht gedacht und der Herr Baum wohl auch nicht. Außerdem war ich davon ausgegangen, dass meine Kollegen alle ehrlich waren. Währenddessen verglich Frau Meister mein Buch mit denen der anderen Zuschneiderinnen, und ich passte auf, dass keiner in den Raum kam.

„Hier, schauen Sie sich die Nummern an. Das waren Sie nicht, die die Sakkos verschnitten hat. Das war unsere Kollegin.“

Tatsächlich, da stand es schwarz auf weiß. Die Nummern belegten es eindeutig, dass ich mit dem Fehlschnitt nichts zu tun haben konnte. Am nächsten Tag entschuldigte sich unser Chef ganz offiziell bei mir für den Irrtum, und mich überkam ein Gefühl, als würde ich auf einer Wolke in den Himmel schweben. Von der Zeit an war ich anerkannt, obwohl ich die Einzige war, die das Handwerk nicht erlernt hatte.

Ich blieb noch weitere vier Jahre in dieser Firma, bis ich heiratete und ein Kind bekam. Mein Weggang wurde von allen sehr bedauert, aber mein Mann war der Meinung, dass eine Mutter zu ihren Kindern gehörte und dass Kinder die ständige Anwesenheit einer Mutter brauchten.

Vatersuche

Maja W., Jahrgang 1915, aus Bodenheim/ Rheinhessen

Meine Eltern waren nicht verheiratet, was ich lange Zeit nicht wusste. Aufgewachsen bin ich bei einer älteren Frau, die ich Mutter nannte und die ich auch dafür hielt. Sie war eine Witwe, die nur eine geringe Rente bezog. Um ihren Lebensunterhalt aufzubessern, hatte sie mich als Pflegekind zu sich genommen. Sie war sehr gut zu mir und sorgte für mich, wie es eine leibliche Mutter nicht besser hätte tun können. Einige Jahre besuchte ich unbeschwert den Kindergarten, den man bei uns Kinderschule nannte und der von Ordensschwestern geführt wurde.

Als ich in die Schule kam, war ich nach wie vor arglos. Da ich die einzige Maja in der Klasse war, wurde ich nur mit Vornamen gerufen. Selbst wenn man mich mit Familiennamen genannt hätte, wäre mir nichts aufgefallen, denn den Namen meiner Pflegemutter hatte ich bis dahin nie gehört. Eigenartigerweise habe ich mir nie etwas dabei gedacht, dass die junge Frau, die in der Wohnung unter uns wohnte, meine Pflegemutter ebenfalls mit Mutter anredete. Sie war verheiratet und hatte zwei Kinder, die meine Pflegemutter mit Oma anredeten. Wie sehr ich an dieser Frau hing und dass sie gut zu mir gewesen sein muss, beweist folgende kleine Episode: Ich hätte zur Erholung in einen Kurort an der Nordsee verschickt werden sollen, doch ich ließ mich nicht von der Stelle bewegen. Mit meiner ganzen Kraft stemmte ich mich an den Rock meiner Pflegemutter und rief: „Nein, ich geh nicht fort. Ich will bei meiner Mutter bleiben."

Diese Frau begleitete mich jeden Morgen die Treppe hinunter bis ans Gartentor, ließ mich hinaus und winkte mir noch lange nach. So verlief mein Leben in geordneten Bahnen. Ich war glücklich und zufrieden, bis ich etwa acht Jahre alt war. Da kam ich eines Mittags in ziemlich aufgelöstem Zustand von der Schule nach Hause. Meine sonst so ordentlich geflochtenen Zöpfe hatten sich gelöst, mein Rocksaum hing vorne herunter, an meiner Bluse fehlte ein Knopf. Mein Gesicht war voller Schrammen und tränenverschmiert, meine Arme waren übersät mit blauen Flecken.

„Um Gottes willen, Kind, wie siehst du denn aus?", rief meine Mutter erschrocken.

„Da solltest du erst mal den Fritz sehen", entgegnete ich nicht ohne Stolz.

„Ja, was ist denn passiert?"

„Der Fritz hat behauptet, du wärst nicht meine richtige Mutter. Da habe ich ihn verhauen."

Zu dieser Aussage schwieg sie eine Weile. Unterdessen zog sie mir die ramponierte Schulkleidung aus und meine normalen Sachen an. Sie wusch mir das Gesicht und flocht meine Zöpfe neu. Auch beim Mittagessen sprach sie nicht. Danach setzte sie sich mit mir auf das Sofa. So etwas war noch nie vorgekommen, und deshalb fühlte ich mich ganz beklommen. Jetzt kommt die große Strafpredigt, dachte ich, und eine Belehrung darüber, dass ein Mädchen nicht raufen durfte, egal, was geschehen war. „Maja", begann sie stockend, „jetzt ist es an der Zeit, dass ich dir etwas erzähle. Der Fritz hat recht. Ich bin nicht deine Mutter."

Mir war es, als würde mir der Boden unter den Füßen weggezogen. „Aber Mutter", rief ich in Panik aus, „das kann doch nicht sein. Warum sagst du so was?"

„Weil es wahr ist und weil ich nicht will, dass du deswegen wieder raufst. Wie leicht hättest du ernstlich verletzt werden können."

Da sprudelte es aus mir heraus: „Wer ist denn

dann meine Mutter? Warum bin ich bei dir? Wo ist sie? Warum besucht sie mich nie?“

Die Frau neben mir war ganz ruhig geblieben. Auf einmal seufzte sie: „Ich habe befürchtet, dass diese Fragen eines Tages kommen würden. Aber ich dachte, mir bliebe noch ein bisschen Zeit. Ich kann dir nicht alles beantworten. Nur so viel: Deine Mutter muss Geld verdienen. Sie arbeitet als Direktrice in einem vornehmen Modegeschäft. Deshalb kannst du nicht bei ihr sein, und deshalb kann sie dich auch nicht besuchen.“

Unter dem Wort Direktrice konnte ich mir nichts vorstellen. Auch genügte mir diese Antwort nicht. „Aber einen Brief könnte sie mir doch schreiben“, beharrte ich. „Dann wüsste ich wenigstens, ob es sie überhaupt gibt.“

Die Pflegemutter dachte nach: „Vielleicht schreibt sie nicht, weil sie meint, du könntest noch nicht lesen.“

Das brachte mich auf eine Idee. Ich ließ mir ein Blatt geben und schrieb darauf in meiner ungelenken Zweitklässlerschrift: „Liebe Mutter!

Ich kann schon lesen. Ich kann sogar gut lesen. Im letzten Zeugnis hatte ich eine Eins. Du kannst mir also ruhig schreiben. Deine Maja.“

Diesen Brief übergab ich der Frau, die ich bisher Mutter genannt hatte, in der Hoffnung, dass sie ihn an die richtige Adresse beförderte. Nach meinem damaligen Eindruck muss das auch geklappt haben, denn einige Monate später, kurz vor Weihnachten, traf ein großes Paket für mich ein. Es war voller Apfelsinen und Bananen. „Die sind von deiner Mutter geschickt worden", erklärte die Pflegemutter.

Wie war ich glücklich! Meine Freude galt weniger den köstlichen Südfrüchten, die damals noch eine Rarität waren, als vielmehr der Tatsache, dass sich meine Mutter gemeldet hatte. Jetzt endlich glaubte ich an ihre Existenz und war überzeugt davon, dass sie mich liebte. Hätte sie mir sonst ein so üppiges Geschenk gemacht? Dass keine einzige Zeile für mich dabeilag, befremdete mich in meiner Glückseligkeit nicht einmal. Zum Schreiben war sie bestimmt nicht gekommen, jetzt in der Vorweihnachtszeit. Da gab es im Geschäft bestimmt wahnsinnig viel zu tun.

Ein Anfang war jedenfalls gemacht. Bald würde meine Mutter sich auch die Zeit nehmen, mir zu schreiben. Zunächst aber galt es, mich für das großzügige Paket zu bedanken.

„Liebe Mutter!

Über die Apfelsinen und die Bananen habe ich mich riesig gefreut. Vielen, vielen Dank dafür.

Bitte, schreibe mir bald. Ich kann wirklich schon sehr gut lesen. Deine Maja.“ Tagelang wartete ich auf Antwort. Da sich lange nichts tat und da es so viel Ablenkung gab, geriet das Thema „Mutter“ bei mir vorübergehend in Vergessenheit. Ich hatte ja eine Mutter, die rührend für mich sorgte. Doch nach einem guten halben Jahr stand das Thema plötzlich wieder im Raum.

„Ich muss dir etwas Trauriges mitteilen, Maja“, eröffnete meine Pflegemutter das Gespräch. Sie zog mich zu sich aufs Sofa und legte den Arm um mich: „Maja, es tut mir furchtbar Leid – deine Mutter ist gestorben.“

„Nein“, schrie ich verzweifelt auf. Halt suchend warf ich mich in die Arme der Frau, die an meiner Seite saß, und weinte bitterlich. Ich weinte um eine Frau, die ich nicht gekannt und nie gesehen, ja, die mir noch nie eine Zeile geschrieben hatte. Das Einzige, was mir von ihr bleiben würde, war die Erinnerung an eine Kiste Apfelsinen. Aber nein, es sollte mir noch etwas anderes bleiben. Nachdem ich meine Tränen getrocknet hatte, legte meine Pflegemutter ein Foto vor mich hin. Es zeigte eine elegant gekleidete Dame in einem Kostüm mit bodenlangem Rock und einem ausladenden Hut. Aus ihrem traurigen Gesicht schauten mich warmherzige Augen an.

„Wer ist das?“, fragte ich tonlos.

„Dreh es einmal um.“

Ich kam der Aufforderung nach und las: „Für meine liebe Tochter Maria, von deiner Mutter.“

Mir kam gar nicht die Idee, zu fragen, wie die Pflegemutter an dieses Foto gekommen war. Ich riss es an mich, brachte es in mein Zimmer und hütete es fortan wie einen Schatz. Heimlich schaute ich es immer wieder an. Je älter ich wurde, desto mehr Fragen drängten sich mir auf: Was war der wirkliche Grund, dass ich nicht bei ihr hatte wohnen dürfen? Warum hatte sie mich weggegeben? Warum hatte sie sich niemals blicken lassen? Warum hatte sie niemals geschrieben? Die Ausrede mit der fehlenden Zeit konnte und wollte ich nicht mehr gelten lassen.

Als ich alt genug war, um zu begreifen, dass zu jedem Kind auch ein Vater gehörte, tauchten neue Fragen auf: Wer war mein Vater? Wo steckte er? Warum hatte er meine Mutter nicht geheiratet? Warum kümmerte er sich ebenfalls nicht um mich? Nachdem ich lange genug gegrübelt hatte, fasste ich mir ein Herz und stellte der Pflegemutter diese Fragen.

„Damit habe ich gerechnet, dass das eines Tages kommen würde“, seufzte sie. „Viel darf ich dir aber nicht sagen. Das hat deine Großmutter verboten. Von ihr bekomme ich schließlich das Geld für dich. Deshalb muss ich mich an ihre Weisungen halten."

Eine Großmutter hatte ich also auch! Nach dieser für mich ganz neuen Erkenntnis lauschte ich atemlos dem Bericht der Frau, die mich aufgezogen hatte.

„Sicher erinnerst du dich, dass wir vor vier Jahren die Nachricht vom Tod deiner Mutter bekommen haben." Und ob ich mich erinnerte!

Meine Pflegemutter fuhr fort: „Bei deiner Großmutter muss sich wohl das Gewissen gerührt haben, denn gleichzeitig mit der Benachrichtigung vom Tod deiner Mutter kam ein Päckchen von ihr an. Es enthielt die gebündelten Briefe deines Vaters an deine Mutter. Außerdem enthielt es einen Umschlag mit zwei Fotos. Diese waren gewissermaßen das Vermächtnis deiner Mutter an dich. Die Großmutter hat wohl nicht gewagt, diese zu unterschlagen. Das eine Foto habe ich dir schon gegeben, das andere habe ich mit den Briefen deines Vaters verwahrt, die er von der Front an deine Mutter schickte. Sie bekam jedoch nicht einen einzigen davon zu lesen, weil deine Großmutter sie ihr einfach nicht zeigte. Offenbar wagte sie es aber nicht, sie wegzuwerfen. Sie hat sie ungeöffnet gesammelt, und als sie die Briefe schickte, lag ein Begleitschreiben von ihr dabei. Nun, da du mutterlos warst, solltest du wenigstens wissen, wer dein Vater war. Diese Briefe soll ich dir aber keinesfalls vor Erreichen der Volljährigkeit aushändigen. Das würde dich unnötig belasten, meinte sie. Du solltest weiterhin unbeschwert aufwachsen."

Ich muss zugeben, der Inhalt dieser Briefe interessierte mich im Alter von dreizehn Jahren nicht. Nur an dem Namen meines Vaters war ich interessiert, an seinem Foto und an seiner Adresse. Schließlich wollte ich ihm umgehend schreiben. Die Mutter holte das Päckchen Briefe hervor. Feierlich löste ich die Verschnürung. Dabei war ich mir dessen bewusst, dass ich etwas in Händen hielt, das mein Vater vor langer Zeit selbst in den Händen gehabt hatte. In seiner deutlichen Handschrift stand auf der Vorderseite eines jeden Briefes: Fräulein Hertha Schreiber. Der Absender hieß Heinrich Lang – mein Vater also. Mehrmals sagte ich den Namen leise vor mich hin – Lang würde ich also heißen, wenn nicht widrige Umstände meine Eltern daran gehindert hätten zu heiraten.

Zu meiner maßlosen Enttäuschung war auf keinem einzigen Brief seine Adresse zu finden. Unter seinem Namen stand lediglich eine Feldpostnummer. Als Letztes entdeckte ich ein offenes Kuvert. Diesem entnahm ich ein Foto und betrachtete es andächtig. Das also war mein Vater! Auf der Rückseite stand: „In Liebe, Dein Heinrich."

Darunter war in einer anderen Handschrift der Zusatz geschrieben: „25.6.1891". Das musste sein Geburtsdatum sein, das meine Mutter notiert hatte.

Meine Pflegemutter nahm die Briefe wieder in Verwahrung. Mir blieben sein Foto und der Name. Eines war sicher: Ich wollte und musste mehr über meinen Vater herausfinden. Wie das aber anzustellen war, das wusste ich nicht. Es sollten noch etliche Jahre vergehen, bis mir jemand bei meiner Suche helfen würde.

Meiner Pflegemutter war es äußerst wichtig, dass ich nach meiner Schulentlassung etwas lernte. In der Zeitung fanden wir eine Stelle, die sie für geeignet hielt. Ein großes Landgut auf der Rheininsel Hohenau suchte ein Mädchen als Haushaltslehrling und zur Kinderbetreuung. Die Familie hatte einen Buben von drei und ein Mädchen von vier Jahren. Es waren liebe Kinder, und ich habe sie gerne betreut. Im Haushalt wurde ich ganz schön rangenommen, lernte aber alles, was eine Hausfrau können muss.

Was mich wunderte, war die Tatsache, dass auf den Feldern des Gutes lauter Sträflinge arbeiteten, die alle gemeinsam in einem Nebengebäude wohnten und morgens mit einer Glocke zur Arbeit gerufen wurden. Ich erfuhr, dass es sich um Strafgefangene aus der Haftanstalt Darmstadt handelte, die während der Sommermonate hier als Erntehelfer untergebracht waren. Da das Gut auf einer Insel lag, hielt man die Fluchtgefahr wohl für nicht so groß. Linksrheinisch gab es eine Fährverbindung nach Nackenheim, die ich immer benutzte, wenn ich nach Hause fuhr. Die Fährverbindung zur anderen Rheinseite benutzte ich einmal in der Woche, wenn ich zur Berufsschule musste. Hätte ein Strafgefangener flüchten wollen, hätte er notgedrungen eine der Fähren nehmen müssen, wo er sofort aufgefallen wäre.

Nachdem ich meine Lehre auf dem Gut abgeschlossen hatte, blieb ich noch eine Weile dort, bis ich auf eine Anzeige hin eine Stelle im Haus eines Mainzer Bankdirektors fand. Ich hatte es mir nämlich in den Kopf gesetzt, einmal in der Stadt zu leben. Ich war gerne dort, zumal man mich nicht wie eine Angestellte behandelte, sondern wie eine Tochter, und für die Tochter des Hauses, die nur ein Jahr älter war als ich, war ich wie eine Freundin. Sie nannte mich Prinzessin, und ich rief sie Tausendschön. Wir hatten viel Spaß miteinander und alberten oft herum. Im Grunde war sie für mich die Schwester, die mir immer gefehlt hatte, und ihr erging es vermutlich ebenso.

Ich musste auch nicht im Souterrain essen wie das Mädchen, das sie vorher gehabt hatten, sondern saß mit der Familie am Tisch, und manchmal durfte ich sogar mit ins Theater gehen. Überhaupt nahmen sie viel Anteil an meinem Leben. Sie wussten, dass ich ein uneheliches Kind und bei einer Pflegemutter aufgewachsen war. Ob ich wisse, wer meine Eltern seien, fragten sie mich eines Tages. Ich erzählte, dass meine Mutter gestorben war, bevor ich sie kennenlernen konnte, dass mein Vater vermutlich jedoch noch lebte. Ich erwähnte auch, dass es seit Jahren mein sehnlichster Wunsch sei, ihn zu treffen. Nur wüsste ich nicht, wie ich an seine Adresse kommen sollte. Der Bankdirektor horchte auf: „Das sollte nicht so schwierig sein, wenn du seinen Namen kennst."

„Heinrich Lang", kam es spontan über meine Lippen.

„Heinrich Lang?", wiederholte der Direktor. „Sollte das etwa der Heinrich Lang sein, den ich von der Sektkellerei her kenne? Wir haben beide dort im Rheingau ein Büropraktikum gemacht. Weißt du zufällig, wo er in Mainz gewohnt hat?"

„Leider nicht. Sonst hätte ich die Spur längst aufgenommen. Aber sein Geburtsdatum kenne ich, es ist der 25. Juni 1891."

„Na, was sag ich!" Stolz wie Oskar blickte er in die Runde. „Das ist doch was! Das muss mein Heinrich Lang sein. Das kommt hin. Der ist seit zwanzig Jahren von der Bildfläche verschwunden. Sollte er noch am Leben sein, werde ich Mittel und Wege finden, ihn ausfindig zu machen. Verlass dich drauf!"

Ich verließ mich wirklich drauf. Jeden Tag, wenn der Bankdirektor nach Hause kam, betrachtete ich forschend sein Gesicht. Direkt zu fragen, wagte ich nicht. Das wäre unschicklich gewesen. Insgeheim hoffte ich immer wieder, dass er bei einer der Mahlzeiten das Thema von sich aus anschneiden würde. Aber es vergingen Wochen und Monate. Doch eines Tages passierte es: Strahlender Laune kam er nach Hause, warf seinen Hut auf die Ablage und ließ sich von mir aus dem Mantel helfen. Dabei machte er ein geheimnisvolles Gesicht. Das behielt er bei, bis wir alle am Mittagstisch saßen. Dann zog er einen Zettel aus der Jackentasche und schwenkte ihn durch die Luft: „Gute Nachricht, Maja! Ich hab sie!“

Mir war sofort klar, was er damit meinte. Vor Freude blieb mir fast das Herz stehen.

„Wo – wo wohnt mein Vater?“, fragte ich aufgeregt.

„Hier, lies selbst.“

Damit legte er das Blatt vor mich auf den Tisch. Hastig griff ich danach. Magdeburg war das erste Wort, das mir auffiel.

„Magdeburg? Ist das nicht furchtbar weit weg?“, erkundigte ich mich unsicher. Vom Erdkundeunterricht war mir das noch vage in Erinnerung.

„Wie man's nimmt“, lachte mein Arbeitgeber. „Vergleichst du es mit New York, so ist es ganz nah.“

Alle lachten. Vor lauter Aufregung bekam ich kaum einen Bissen herunter. Nach dem Essen holte „Tausendschön“ ihren Schulatlas herbei. Magdeburg war schnell gefunden. „Das schaffe ich nie an einem Tag hin und zurück“, sagte ich.

„Aber Maja, wer behauptet denn, dass du das schaffen musst? Du bleibst so lange weg, wie es nötig ist. Wir beurlauben dich einfach“, entschied der Bankdirektor.

Er war es dann auch, der mir die günstigste

Bahnverbindung heraussuchte, damit ich noch am Tag ankam, denn inzwischen wussten wir auch, wo mein Vater arbeitete. Am Morgen des Reisetages begleiteten mich die gnädige Frau und ihre Tochter persönlich zum Hauptbahnhof in Mainz. Außer den üblichen Utensilien befand sich in meiner Reisetasche ein anständiges Paket Butterbrote. Klopfenden Herzens bestieg ich den Zug. Ein letztes Winken, und schon fuhr ich mutterseelenallein in Richtung Magdeburg. Das war schon sehr abenteuerlich für mich. Bisher war ich nie weiter als bis nach Mainz gekommen oder auf die andere Rheinseite nach Astheim. Aber es lief alles bestens, auch das mehrmalige Umsteigen.

Das Amt, in dem mein Vater arbeitete, fand ich ziemlich schnell. Dann aber sah ich mich vor ein Problem gestellt, über das ich mir vorher keine Gedanken gemacht hatte. Wie sollte ich mich bei ihm vorstellen? Ich wurde ganz mutlos! Nein, sagte ich mir dann, jetzt hast du die weite Fahrt gemacht, jetzt hast du das viele Geld ausgegeben, und jetzt bist du kurz vor dem Ziel. Nein, du gibst nicht auf! Jahrelang wolltest du nichts anderes, als deinen Vater kennenzulernen, und nun hast du endlich die Gelegenheit dazu. Du kannst keinen Rückzieher mehr machen. Alle würden dich ja auslachen!

Das Amtsgebäude war riesig, doch ein freundlicher Mann in einem Glasverschlag neben der Eingangstür fragte gleich, zu wem ich denn wollte.

„Zu – zu – Herrn Lang", stotterte ich.

„Georg Lang oder Heinrich Lang?", wollte er wissen.

„Heinrich", antwortete ich nicht ohne Stolz.

„Da gehen Sie rechts den Gang entlang. Zimmer 25. Der Name steht an der Tür. Da finden Sie ihn, wenn er nicht gerade unterwegs ist."

Ich bedankte mich und schlug die angegebene Richtung ein. Bald stand ich vor der bewussten Tür und las den Namen: Heinrich Lang. Einen Moment blieb ich zögernd stehen, dann hob ich die Hand, um anzuklopfen. In diesem Augenblick wurde die Tür von innen geöffnet, und ich wich einen Schritt zurück. Heraus trat ein dicker Mann mit Glatze und bulligem Gesicht.

Um Gottes willen, dachte ich. Sollte das mein Vater sein? Dem Foto sah er zwar nicht ähnlich, aber das war immerhin etwa zwanzig Jahre alt. Schüchtern wagte ich die Frage: „Sind Sie vielleicht Heinrich Lang?"

„Nee, Fräulein", grinste er. „Der sitzt da drin."

Mir fiel ein Stein vom Herzen, und kaum war der Mann außer Sichtweite, klopfte ich ganz schnell an, bevor mich mein Mut wieder verließ.

„Herein“, ertönte eine angenehme, dunkle Stimme. Dann stand ich vor ihm! Kein Zweifel, das war mein Vater. Er hatte noch immer volles dunkles Haar und dieselben markanten Gesichtszüge wie auf dem alten Foto.

Ich sah, dass er die gleichen hohen Wangenknochen hatte wie ich. Er hob den Kopf, lächelte mich freundlich an und deutete auf den Stuhl vor dem Schreibtisch: „Was kann ich für Sie tun?“

All meinen Mut zusammennehmend, sagte ich: „Ich komme aus Mainz.“

Ich dachte, bei der Nennung dieses Ortsnamens würde bei ihm vielleicht der Groschen fallen. Er reagierte jedoch nicht so, wie ich erwartet hatte.

„So, so, aus Mainz kommen Sie. Da haben Sie aber eine weite Reise hinter sich. Und was führt Sie nach Magdeburg und ausgerechnet zu mir?“ Nun hilft nichts mehr, dachte ich, am besten, du fällst gleich mit der Türe ins Haus: „Ich bin Ihre Tochter.“

Seine Reaktion darauf war für mich verblüffend. Er wirkte weder erstaunt noch verärgert. Mich aufmerksam betrachtend, griff er in seine Brusttasche, zog eine Brieftasche hervor und entnahm ihr ein Foto. Dieses legte er vor mich auf den Schreibtisch.

„Das Bild kenne ich“, rief ich eigenartig berührt aus. „Das bin ja ich.“

Es zeigte mich am Tage meiner ersten heiligen Kommunion.

„Wo hast du das her?“ In diesem Augenblick verwendete ich zum ersten Mal die Anrede „Du“.

Er lächelte wieder, nahm das Foto in die Hand, betrachtete das Kind darauf und dann wieder mich: „Ja, das bist du. Du hast dich wenig verändert in diesen Jahren. Du bist nur größer und hübscher geworden.“

Diese Worte gingen mir durch und durch. Dieser Mann da vor mir, der mein Vater war, schien sich ebenso zu freuen wie ich. Er stand auf, ging um den Schreibtisch herum und breitete die Arme aus: „Ich glaube, es ist höchste Zeit, dass ich dich an meine Vaterbrust drücke.“

Wie in einem Taumel erhob ich mich, wankte auf ihn zu und warf mich in seine Arme. Er drückte mich ganz fest an sich. Es war, als ließe er seinen Vatergefühlen, die sich seit Jahren in ihm aufgestaut hatten, freien Lauf. Und ich erlebte ein Gefühl der Geborgenheit, das für mich etwas völlig Neues war und das ich in vollen Zügen genoss. Lange schmiegte ich mich in die

Arme meines Vaters, bis mir Tränen der Rührung und der Befreiung über die Wangen liefen.

„Wie, du weinst?", fragte er mich, als ich mich aus seinen Armen löste, um seine Jacke nicht mit meinen Tränen zu befeuchten.

„Vor Freude", schluchzte ich. „Du glaubst gar nicht, wie sehr ich mich freue, dich endlich gefunden zu haben. Und ich bin erleichtert über die herzliche Aufnahme."

„Wieso das?"

„Es war doch zu befürchten, dass du nichts von mir wissen willst."

„Wie konntest du das annehmen? Die ganzen Jahre über habe ich mich nach dir gesehnt."

Diese Worte waren Balsam für meine Seele. Dennoch wagte ich den Einwand: „Warum hast du dich dann all die Jahre nicht blicken lassen? Warum hast du nicht wenigstens geschrieben?"

„Das ist nicht mit einem Satz zu beantworten", antwortete er. „Dazu brauchen wir viel Zeit. Heute Abend gehen wir zusammen zum Essen. Dann sollst du alles erfahren."

Ehe er mich entließ, bestellte er telefonisch ein Hotelzimmer für mich. Er meinte, ich sollte dort mein Gepäck abstellen und mir bis zum Abend ein wenig die Stadt ansehen. Diesen Rat befolgte ich. Von der Stadt aber nahm ich nicht viel wahr, denn mein Inneres war zu sehr aufgewühlt. Wie in Trance lief ich durch die Straßen. Ich hatte das Gefühl, wie auf Wolken zu schweben. Immer wieder sah ich das Gesicht meines Vaters vor mir, hörte seine freundlichen Worte und glaubte noch immer seine Umarmung zu spüren. Am Abend setzten wir uns in ein schönes Restaurant. So etwas hatte ich noch nie von innen gesehen. Für jeden von uns bestellte er ein Menü, aber ich hatte, obwohl ich seit der Bahnfahrt nichts mehr gegessen hatte, keinen Appetit. Die Freude schien mir auf den Magen geschlagen zu sein. Mein Vater bemerkte es und sagte: „Jetzt iss doch endlich und genier dich nicht. Das ist alles für dich."

„Vor lauter Freude habe ich gar keinen Hunger", erklärte ich.

„Ach was, ein junger Mensch hat immer Hunger. Du musst essen, damit du bei Kräften bleibst. Meinst du, ich will meine gerade erst gefundene Tochter durch Entkräftung verlieren?"

Dieser humorvolle, väterliche Zuspruch zeigte Wirkung. Mit einem Mal war das Hungergefühl da, und ich langte kräftig zu. Der Vater schmunzelte: „Siehst du, es geht doch."

Bei einem Glas Wein erzählte er mir anschließend seine ganze Lebensgeschichte, soweit sie mich betraf. Gebannt lauschte ich, damit mir nur ja kein Wort entging. Endlich erfuhr ich auch einiges über meine Mutter, und es wurden viele von den Fragen beantwortet, die sich im Laufe der Jahre in mir angesammelt hatten.

Zu der Zeit, als mein Vater meine Mutter kennenlernte, war sie in einem führenden Mainzer Modehaus tätig. Eigentlich hätte sie es gar nicht nötig gehabt zu arbeiten, denn sie stammte aus einem wohlhabenden Elternhaus. Weil sie jedoch von klein auf gern mit Mode zu tun gehabt hatte, setzte sie es durch, dass sie den Beruf einer Schneiderin erlernen durfte. Als solche war sie in das Modehaus eingetreten, doch bald hatte der Chef, der ihre Kreativität erkannte, ihr nahegelegt, eine Fachschule für Mode zu besuchen. Dann aber lernte sie meinen Vater kennen.

Ihre Eltern hätten als Schwiegersohn einen Fabrikantensohn oder etwas Vergleichbares erwartet, nicht jedoch einen mittellosen, früh verwaisten Büroangestellten. Diesen lehnten sie vehement ab mit der Begründung: „Der will sich nur ins gemachte Nest setzen.“ Dass die beiden sich lieben könnten, darauf kamen sie gar nicht. Sie verboten der Tochter strikt den Umgang mit meinem Vater, und die Liebenden konnten sich nur heimlich treffen.

Als meine Mutter merkte, dass sie schwanger war, hoffte sie auf einen Gesinnungswandel bei den Eltern, doch als mein Vater offiziell um ihre Hand anhielt, warf mein Großvater ihn mit den Worten hinaus: „Das hat sich der feine Herr ja schön ausgedacht. Dem herrschaftlichen Fräulein ein Kind machen und glauben, auf diese Weise in die Familie aufgenommen zu werden! Aber nicht mit mir. Da haben Sie sich geschnitten."

In der Folgezeit sperrten sie die Tochter ein, damit sie mit dem jungen Mann keinen Kontakt aufnehmen konnte. Der seinerseits wagte es nicht mehr, sich der Familie zu nähern. Die Eltern aber überlegten krampfhaft, wie sie vorgehen sollten, um erstens die Schwangerschaft ihrer Tochter zu vertuschen, zweitens ein Wiedersehen mit dem unerwünschten Schwiegersohn zu vermeiden und drittens in dem Modegeschäft das Fernbleiben ihrer Tochter zu erklären.

Meiner Großmutter fiel eine geniale Lösung ein. Ihr Mann ging zum Chef des Modehauses, um seine Tochter für ein halbes Jahr beurlauben zu lassen. Ihr biete sich die außerordentliche Chance, ihre Patentante auf einer Weltreise zu begleiten, erklärte er. Wohlwollend bewilligte der Chef diesen Urlaub. Die Weltreise sah dann folgendermaßen aus: Meine Mutter wurde in ein Dorf in der Nähe von Bad Kreuznach gebracht, wo eine Großtante lebte, die die werdende Mutter freundlich aufnahm und sich rührend um sie kümmerte. Meiner Mutter gelang es in dieser Zeit, meinem Vater einen Brief zu schicken, in dem sie nicht nur ihren Aufenthaltsort mitteilte, sondern ihm auch einen romantischen Plan für eine Entführung unterbreitete.

Täglich wanderte sie zum Postamt, weil sie eine postlagernde Antwort erwartete. Der Posthalter zuckte bald nur noch mitleidig die Schultern, sobald sie die Amtsstube betrat.

Was meine Mutter nicht wissen konnte, ihr Brief war nicht mehr in die Hände ihres Liebsten gelangt, denn inzwischen war der Erste Weltkrieg ausgebrochen, und mein Vater als unverheirateter Mann gehörte zu den Ersten, die man zu den Waffen gerufen hatte. Nach einer schweren Verwundung, die er gleich in den ersten Kriegsmonaten davongetragen hatte, war er für viele Monate in ein Lazarett gekommen und hatte von dort immer wieder an meine Mutter geschrieben, aber seine Briefe waren von meiner Großmutter abgefangen worden.

Nach Kriegsende erst fand er die letzten Zeilen seiner Liebsten und setzte alles daran, ihren

Aufenthaltsort und den seines Kindes zu ermitteln. Doch wo er sich auch hinwandte, er biss auf Granit.

Zunächst schrieb er einen postlagernden Brief an die von ihr angegebene Adresse. Der Posthalter, der sich noch an das traurige junge Mädchen erinnerte, schickte ihm den Brief zurück mit der Bemerkung, sie habe lange Zeit vergeblich auf Post von ihm gewartet. Aber wie er aus dem Nachbarort erfahren habe, sei die junge Frau kurz nach der Geburt ihres Kindes wieder weggezogen. Trotzdem machte sich mein Vater in den kleinen Ort zu der Großtante auf. Er fand das Dorf, er fand die Straße, er fand das Haus. Nur seine Hertha fand er nicht. Und die Großtante war inzwischen verstorben. Niemand wusste mehr etwas von einer jungen Frau und einem Kind.

Trotz aller bösen Erfahrungen, die er im Haus meiner Großeltern gemacht hatte, wandte er sich dorthin, doch er wurde nicht einmal vorgelassen, und die Dienstboten schwiegen beharrlich. Entweder wussten sie nichts oder sie waren sehr loyal. In dem Modehaus, wo er ebenfalls eine Spur zu finden versuchte, erfuhr er nur, sie habe vor vier Jahren eine Weltreise angetreten und sei bis heute nicht zurückgekehrt. Wahrscheinlich seien die Kriegswirren daran schuld. Womöglich sei sie gar nicht mehr am Leben.

Tiefe Trauer befiel den jungen Mann. Während des Krieges hatte ihn die Hoffnung, er werde das geliebte Mädchen wiedersehen, am Leben erhalten. Dieser letzten Hoffnung beraubt, kehrte er Mainz den Rücken. Weit weg, in Kassel, fand er eine neue Anstellung und lernte dort nach geraumer Zeit eine Krankenschwester kennen, die aus Magdeburg stammte. Später heirateten sie und bekamen eine Tochter, die etwa zehn Jahre jünger war als ich.

Was mein Vater bei seinen Nachforschungen nicht erfahren hatte: Mein Großvater hatte nach der angeblichen Weltreise seiner Tochter hinter ihrem Rücken ein vertrauliches Gespräch mit ihrem Arbeitgeber geführt. Seine Tochter habe sich in einen unstandesgemäßen Mann verliebt, und es sei nötig, sie räumlich von ihm zu trennen. Der Chef wusste Rat. Er wollte demnächst in Bad Kreuznach ein weiteres Modehaus eröffnen, für das er eine tüchtige Direktrice suchte. Zuvor schickte er meine Mutter auf die Modefachschule in Düsseldorf. Anschließend stürzte sie sich völlig in ihren Beruf, in dem sie ihr verlorenes Glück und ihr verlorenes Kind zu vergessen hoffte.

Das Kind war ihr gleich nach der Entbindung weggenommen und einer Amme übergeben worden. Später ließ die Großmutter mich dann zu meiner Pflegemutter bringen, ohne der Tochter den Aufenthaltsort mitzuteilen. Die Großmutter selbst war vorher nur einmal dort gewesen, um sich die Frau wenigstens anzusehen, die ihr Enkelkind aufziehen sollte. Meiner Pflegemutter hatte sie gegen ein Schweigegeld das Versprechen abgenommen, mir niemals zu verraten, wer meine Eltern seien. Auch sonst sollte sie zu jedermann Stillschweigen über meine Herkunft wahren.

Warum handelten meine Großeltern so grausam an mir? Warum handelten sie so grausam an ihrer Tochter? Vielleicht hofften sie, dass ihre Tochter doch noch eine gute Partie machen könnte, wenn nichts von dem unehelichen Kind bekannt würde. Ihre Rechnung ging jedoch nicht auf, denn meine Mutter stürzte sich wie besessen in ihre Arbeit und schaute nie wieder einen Mann an. Die Enttäuschung darüber, dass sich der geliebte Mann vermeintlich nicht mehr gemeldet hatte und dass ihr auch noch das Kind weggenommen worden war, brach ihren Lebenswillen. Vielleicht auch wollte mein wohlhabender Großvater verhindern, dass ich, der Bastard, Anspruch auf ein Erbe erheben könnte. Sein Besitz sollte je zur Hälfte an seinen Sohn und an seine Tochter gehen, doch es kam alles anders. Der Sohn erlag einige Jahre nach Ende des Ersten Weltkrieges den Folgen seiner Kriegsverletzung, meine Mutter starb 1924 an gebrochenem Herzen. Zuvor schon hatte der Großvater sein ganzes Vermögen durch die Inflation verloren, und es blieb ihm gerade noch so viel, dass sie ein bescheidenes Leben führen und weiterhin das Pflegegeld für mich aufbringen konnten.

Noch immer war die Frage offen, wie mein Vater an das Foto von mir gekommen war.

„Das ist eine Geschichte für sich", erklärte er mir. „Nach dem Bescheid, deine Mutter sei von ihrer Weltreise nicht zurückgekehrt, glaubte ich lange Zeit, sie sei mitsamt dem Kind umgekommen. Jahre später kamen mir jedoch Zweifel an dieser Aussage. Ich besprach das mit meiner Frau, die die Geschichte von der Weltreise für baren Unsinn hielt. Niemand würde eine Schwangere oder eine Mutter mit einem Neugeborenen auf eine Weltreise schicken. Meine Frau riet mir also, einfach beim Standesamt in Mainz nachzufragen, denn selbst wenn ein Kind woanders zur Welt kam, wurde es am Heimatort der

Mutter registriert. Wir fuhren also gemeinsam nach Mainz und fragten an. Da war wirklich eine Maria Schreiber eingetragen, mit dem Vermerk: Vater unbekannt. Die Seite enthielt keinen Sterbevermerk. Demnach lebte mein Kind noch. Aber wo? Wie? Unter welchen Bedingungen? Mutig trat ich die Flucht nach vorne an. An deine Großeltern schrieb ich einen Brief, etwa folgenden Inhalts: ‚Erst jetzt habe ich erfahren, dass ich eine Tochter habe. Da ich mich meiner Verantwortung als Vater nicht entziehen möchte, bitte ich um Mitteilung ihres Aufenthaltsortes. Sie brauchen keine Angst mehr zu haben, dass ich Ihrer Tochter zu nahe treten könnte. Seit einiger Zeit bin ich glücklich verheiratet. Nur die Verantwortung für mein Kind und die Sorge um sein Wohlergehen veranlassen mich zu diesen Zeilen.' Es vergingen Monate, bis eine Antwort kam. Damit hatte ich schon gar nicht mehr gerechnet. Der Brief enthielt das Foto von deiner Erstkommunion mit einem kurzen Begleitschreiben deiner Großmutter. Sie entschuldigte sich dafür, dass sie mit ihrer Antwort so lange gezögert habe. Sie habe sorgfältig abwägen müssen, ob sie mir überhaupt und was sie mir schreiben sollte. Es ehre mich, dass ich für meine Tochter Verantwortung übernehmen wolle.

Das sei aber nicht nötig. Da, wo sie sei, gehe es ihr gut, und es sei nicht zu verantworten, dass man das Mädchen durch das plötzliche Auftauchen eines Vaters beunruhige. Deshalb teile sie mir seine Adresse nicht mit. Damit ich mich von ihrem Wohlergehen überzeugen könne, lege sie ein Foto bei. Dieses sei vor zwei Jahren gemacht worden. Gleichzeitig teilte sie mir den Tod deiner Mutter mit. Sie sei vor drei Jahren gestorben. Diese Nachricht erschütterte mich sehr, denn bis dahin hatte ich geglaubt, dass du bei deiner Mutter aufgewachsen warst. Da saß ich nun mit deinem Bild und schaute es immer wieder an. Ein bisschen glaubte ich darin die Züge deiner Mutter wiederzuerkennen. Aber auch Züge von mir entdeckte ich. Seitdem trage ich das Bild ständig bei mir."

Nicht alles habe ich auf diese Weise am ersten Abend erfahren. Einiges erfuhr ich von ihm im Lauf der Zeit, anderes hat mir meine Pflegemutter nach meiner Rückkehr berichtet, die sich jetzt nicht mehr an ihr Schweigeversprechen gebunden sah. Sie händigte mir mit den Briefen meiner Mutter auch deren Tagebuch aus, das meine Großmutter ebenfalls an sie geschickt hatte. Auch andere Dinge wurden jetzt klarer. Den ersten kleinen Brief zum Beispiel, den ich an meine

Mutter schrieb, leitete meine Pflegemutter mit einem Begleitbrief an meine Großmutter weiter. Sie flehte sie an, doch endlich einen Kontakt zwischen mir und meiner Mutter herzustellen. Großmutters einzige Reaktion darauf war gewesen, mir eine Kiste Apfelsinen zu schicken, damit ich glauben sollte, sie seien von meiner Mutter.

Später schickte meine Pflegemutter ihr das Foto von meiner ersten heiligen Kommunion, in der Absicht, ihr Herz zu rühren, offenbar war das eine vergebliche Mühe gewesen. Wenigstens warf sie es nicht weg und konnte es so zu gegebener Zeit meinem Vater zukommen lassen.

Der Kontakt zu meinem Vater riss seit unserer ersten Begegnung nicht mehr ab. Auch mit seiner Frau verstand ich mich gut. Dass ich eine jüngere Schwester hatte, freute mich besonders, und sie ihrerseits fand es schön, eine große Schwester zu haben. Oft habe ich mir Gedanken darüber gemacht, wie mein Leben wohl verlaufen wäre, wenn meine Eltern hätten heiraten dürfen. Ob ich dabei glücklicher gewesen wäre? Mit Sicherheit wäre meine Mutter glücklicher gewesen und nicht so früh gestorben. Aber was nützt alles Grübeln und alles Wenn und Aber? Man muss versuchen, das Beste aus seinem Leben zu machen.

Lehrerstöchter

Maja B., Jahrgang 1932, aus Mollis/Schweiz

Wenn ich mein genaues Geburtsdatum sage, lachen die Leute zumeist, denn am 1. April geboren, gelte ich als lebenslanger Aprilscherz. Ich bin in einem kleinen Ort im Kanton Glarus aufgewachsen, wo mein Vater fünfundzwanzig Jahre lang als Lehrer tätig war. Meine Mutter war auch Lehrerin, übte ihren Beruf aber seit ihrer Verheiratung nicht mehr aus. Sie stammte aus Bern, liebte das Leben in der Stadt und war niemals besonders glücklich in unserem Ort. Im Glarner Land war damals alles noch sehr konservativ. Die Frauen hatten nichts zu sagen, sie gehörten der gängigen Meinung zufolge hinter den Herd. Meine Mutter jedoch war für ihre Zeit eine sehr emanzipierte Frau mit einer eigenen Meinung, und das kam nicht gerade gut an in diesem Kanton.

Ich wurde als mittlere von drei Töchtern geboren, doch wir lagen im Alter alle recht dicht beisammen. Die eine war zweieinhalb Jahre älter als ich, die andere war nur elf Monate jünger. In dieser Zeit war es fast noch an der Tagesordnung, dass Mädchen als ein wenig zweitrangig galten und vor allem Männer sich Söhne wünschten. Bei meinem Vater war das nie ein Thema, und er war mit seinen drei Töchtern sehr glücklich. Erst als junges Mädchen habe ich erfahren, dass da eigentlich noch ein Bruder gewesen wäre – das erste Kind meiner Eltern, das jedoch nur wenige Stunden gelebt hatte. Meine Mutter hat es einmal erwähnt und dann nie wieder. Wir haben auch nie herausgefunden, warum meine Eltern über unseren Bruder nicht sprechen wollten. Ich vermute, dass sie über den Verlust nicht wirklich hinweggekommen sind, auch wenn wir sie niemals klagen gehört haben und sie zufrieden wirkten.

Meine Schwestern haben immer behauptet, dass ich die Verwöhnteste von uns dreien gewesen wäre. Da mag etwas dran sein, denn zumindest meine große Schwester hatte es nicht leicht mit unserem Vater. Sie war quasi sein Versuchskaninchen, an dem er seine pädagogischen Talente ausprobierte. Für sie war das ganz und gar nicht lustig. Ich allerdings profitierte davon, denn ich habe schnell gemerkt, was Sache ist und was nicht. Dann habe ich zu allem Ja und Amen gesagt und trotzdem gemacht, was ich wollte, was meine Schwestern mir bisweilen ziemlich übel genommen haben.

Meine Mutter hat immer unsere Kleidung selber genäht, das heißt, dass sie meist für ihre älteste Tochter schneiderte, denn wir jüngeren haben die abgelegten Sachen bekommen. Die Mutter war in allem sehr geschickt, leider auch im Sticken, worüber wir überhaupt nicht glücklich waren. Wir mussten nämlich immer Schürzen tragen, die sie mit irgendwelchen Mustern bestickt hatte. Für uns war das ein Horror. Viel lieber hätten wir das getragen, was die anderen Mädchen trugen. Damals war gerade Folklore beliebt. Alle liefen damit herum, nur wir fielen aus dem Rahmen. Auf den Kirchweihplätzen bewunderten wir die Röcke mit Tessiner Motiven, zu denen man Holzklappern trug, aber das gab es bei uns nicht. Bei uns war guter Geschmack angesagt. Die Mutter fand, eine Lehrersfamilie sei eben ein bisschen etwas Besonderes, und darunter haben wir gelitten.

Als Lehrerskind hatte man ohnedies von den Mitschülern einiges auszuhalten, denn immer hieß es: „Ja, ja, die Lehrerskinder!“ Hatten wir gute Noten, dann sagten sie: „Ja, der Vater! Natürlich wird der seinem Kind keine schlechten Noten geben.“ Hatten wir schlechte Noten, dann kommentierten sie schadenfroh: „Siehst du, die sind auch nicht besser als die anderen Schüler."

In unserer Schule gab es zwei Lehrer. Zu der Zeit, als ich in die Schule kam, war die erste Klasse so groß, dass sie geteilt werden musste. Mein Vater hatte also die halbe erste Klasse und die dritte Klasse. Diese beiden Klassen unterrichtete er nacheinander. Die andere Hälfte der ersten Klasse bekam sein Kollege und dazu die Zweitklässler. Als ich in die Schule kam, durften alle anderen Kinder ein Los ziehen, das entschied, zu welchem Lehrer sie kamen. Bei mir entschied der Beamte von der Schulbehörde: „Die geben wir zum Vater."

Ich war schrecklich enttäuscht und verärgert, dass ich als einziges Kind nicht losen durfte. Nicht, dass ich etwas gegen meinen Vater gehabt hätte, es störte mich nur, dass ich erst gar nicht die Chance bekam, eine andere Möglichkeit zu haben. Weder ich noch meine Schwestern haben jemals den Eindruck gehabt, dass der Vater uns anders behandelte als unsere Mitschüler. Er hat sich sehr bemüht, erst gar keine Eifersüchteleien aufkommen zu lassen.

In der ersten Klasse habe ich mir oft einen älteren Bruder gewünscht, vor allem auf dem Heimweg, wenn einige gar nicht nette Buben drohten, sie würden uns Mädchen verprügeln. Sie machten sich einen Spaß daraus, uns Angst einzujagen, und wirklich fürchteten wir uns täglich vor dem Heimweg. Eines Tages hatten wir die Nase voll und fassten uns ein Herz. Einige von uns Mädchen rotteten sich zusammen und gingen auf den Anführer der Bande los, der plötzlich gar nicht mehr den starken Mann markierte, sondern heulend zu seiner Mama lief. Von da an hatten wir Ruhe. Nie wieder hat einer von den Buben versucht, uns etwas anzudrohen oder gar anzutun.

Das erste Schuljahr war nicht gerade ein Glücksjahr für mich. Erst brach ich mir auf dem Pausenhof ein Bein, dann biss mich die Siamkatze unserer Nachbarn kräftig in den Arm, und schließlich mussten die Mandeln entfernt werden. Während meines Aufenthaltes im Spital erlebte ich die Mobilmachung der Schweiz. Vorher hatte ich zu Hause schon einiges über den Krieg in Europa mitbekommen, der gerade ausgebrochen war. Auch wenn unser Land neutral war, herrschte überall eine seltsame, eine gedrückte Stimmung. Täglich saßen die Eltern am Radio und hörten auf allen möglichen Sendern die neuesten Nachrichten ab. Da schnappt man selbst als Kind einiges auf.

Auch im Spital wurde über den Krieg gesprochen, und eines Tages heulten plötzlich die Sirenen. Das war etwas völlig Neues für mich. Ich bekam wahnsinnige Angst und fragte die Schwester, was das zu bedeuten habe. Das sei die Mobilmachung, wurde mir erklärt. Unter diesem Wort konnte ich mir natürlich nichts vorstellen. Später erklärte mir meine Mutter, dass auch wir Schweizer uns auf einen feindlichen Angriff vorbereiten müssten. Die Schweiz sei zwar neutral, aber es sei zu befürchten, dass Hitler trotzdem einmarschiere.

Als ich wieder zu Hause war, haben wir die Flugzeuge gehört, die über unser Land flogen. Wir haben auch mitbekommen, dass Friedrichshafen bombardiert wurde, denn von unserem Tal aus konnte man am Himmel den Feuerschein sehen. Wir hatten mächtig Angst in diesem Moment! Der Krieg hatte auch andere Auswirkungen für uns. Eine Art Ernährungsprogramm sollte sicherstellen, dass jeder sich selbst versorgte. Denn Lebensmittel wie Brot, Fleisch, Zucker und Milch wurden immer knapper, weil die Handelsbeziehungen unter dem Krieg litten. Jeder sollte sich jetzt möglichst von Gemüse ernähren, und so erging die Anordnung, dass alles verfügbare Land einschließlich Ziergärten und Rasen zum Anbau von Gemüse zu nutzen sei. Auch unser schöner Garten mit seinen alten Bäumen musste für die Gewinnung von Nutzland geopfert werden. Leider opferten wir ihn umsonst, denn in dieser Erde gedieh nichts als Tannen. Kein einziges Gemüse wollte angehen. Hätten wir nicht am Rand des Dorfes ein kleines Stück Land gepachtet gehabt, dann hätte es mit unserer Selbstversorgung schlecht ausgesehen.

Wie alle Schweizer im wehrdienstfähigen Alter musste auch mein Vater nach der Mobilmachung zur Musterung. Wegen einer ausgeprägten Wirbelsäulenverkrümmung wurde er jedoch als untauglich eingestuft – zumindest für den Wehrdienst. Ein Einsatz beim Zivilschutz wurde ihm trotz seiner Behinderung zugemutet. Auf diese Weise wurde unser Leben ständig von einem Krieg beeinflusst, an dem wir gar nicht teilnahmen. Neben der Angst vor einem Einmarsch von Hitlers Truppen war es vor allem die Lebensmittelknappheit, die uns beeinträchtigte. Besonders meine Mutter litt unter der veränderten Ernährung und den minderwertigen Fetten. Sie bekam Abszesse davon und Gallenprobleme und musste mehrmals operiert werden.

Ich weiß nicht mehr, wie das damals in unserem Haushalt gelaufen ist, wenn die Mutter im

Spital war. Eine Großmutter jedenfalls war nicht zur Stelle. Die eine Oma lebte weit weg in Bern, und auch die andere konnte nicht einfach vorbeischauen. Das wären gut zwei Stunden Fußmarsch gewesen. Diese Großmutter mochte ich nicht besonders. Sie kam vom Bauernhof und kochte immer ein ganz merkwürdiges Essen, das mir nicht schmeckte. Auch hatte sie völlig andere Ansichten als die Berner Großmutter, bei der wir oft unsere Ferien verbrachten. Für mich ist sie eine Traumgroßmutter gewesen, obwohl sie taub war. Anfangs hat sie noch ein bisschen gehört und immer ein Hörrohr benutzt, das man zusammenschieben konnte. Sie trug es in einem Köfferchen bei sich, wenn sie das Haus verließ. Mit ihr sind wir oft in den Berner Freizeitpark gefahren. Auf dem Weg dorthin in der Tram hat sie uns vorgemacht, wie man als Mädchen korrekt zu sitzen hatte – die Knie zusammen, den Rock so weit wie möglich darübergezogen, die Hände auf dem Schoß übereinandergelegt.

Sie selbst war sehr klein, etwas über eineinhalb Meter groß, aber dafür umso eitler. Bevor wir unseren Ausflug antreten konnten, drehte sie mit einer heißen Ondulierschere sorgfältig und zeitaufwendig ihre Locken. Wenn diese endlich saßen, setzte sie sich ein kleines schwarzes Hütchen mit Schleier auf, das sie dann noch mehrmals hin und her rückte, wieder abnahm und erneut aufsetzte. Am Ende waren die schönen Locken ziemlich ramponiert.

Sie war fantastisch, meine Großmutter. Sogar gekocht hat sie mit uns. Sie besorgte uns einen Kinderherd, der mit Trockenspiritus betrieben wurde. Der Großvater musste in die Metzgerei gehen und ganz kleine Cipolata-Würstchen kaufen, die wir dann in einem winzigen Pfännchen auf diesem Ofen gebraten haben. Manchmal haben wir sogar in dieser Puppenpfanne Omeletts gebacken.

In ihrem Zimmer in der oberen Etage ihres geräumigen Hauses stand ein Sekretär, in dem sie alle ihre Schätze aufbewahrte. In der Mitte hatte er eine Schreibplatte, die hochgeklappt werden konnte, und darüber befanden sich viele kleine Schubladen, in denen sie allerlei Süßigkeiten und Spielzeug für uns aufbewahrte. Unter der Klappe waren größere Schubladen, und in einer davon lag ihr Hochzeitskleid. Die Großmutter hatte überhaupt schöne Dinge in ihrer Wohnung.

Wenn die Großmutter die Klappe ihres Sekretärs herunterließ, entstand ein ganz bestimmtes Geräusch, das ich überall hörte, selbst in der hintersten Ecke. Dann sauste ich zu ihr, hob bittend die Hände und fragte: „Darf ich etwas haben?"

Meine Frage konnte sie zwar nicht hören, aber sie verstand die bittenden Hände. Sie konnte nie Nein sagen und gab mir lächelnd etwas von ihrer Schokolade. Deshalb liebte ich dieses Möbel und nannte es zärtlich Schokoklavier.

So lieb sie zu uns Kindern war, so sehr war sie bei manchen Erwachsenen gefürchtet. Ich hörte oft Leute sagen: „Sie ist klein, aber oho." Auch der Großvater, glaube ich, hatte nicht allzu viel zu melden. Darum habe ich auch so wenig Erinnerungen an ihn. Ich weiß nur, dass er auf einem Stuhl am Fenster zu sitzen pflegte, die Tabakspfeife rauchte und politische Kommentare von sich gab. Er hat oft aus der Zeitung zitiert, was mich fürchterlich gelangweilt hat. Beide Großeltern waren Lehrer gewesen ebenso wie ihre beiden Töchter. Ja, es ist eine richtige Lehrerdynastie, aus der ich stamme.

Obwohl mein Vater sehr an seinem Beruf hing und ein begeisterter Lehrer war, hat er nie versucht, eine seiner Töchter in diese Richtung zu drängen. Heute bin ich jedoch überzeugt, es hätte ihn gefreut, wenn eine von uns in seine Fußstapfen getreten wäre. Als wir in das Alter kamen, in dem man eine Berufsausbildung beginnt, sagte er: „Mit meinem Gehalt drei Mädchen studieren zu lassen, ist unmöglich. Wegen des geringen Verdienstes" – damals waren die Lehrer bei Weitem nicht so gut bezahlt wie heute – „kann ich euch nicht zu dem Beruf raten. Aber ihr müsst selbst entscheiden." Mein Vater besuchte viele Fortbildungskurse und entwickelte neue Unterrichtsmaterialien. Dadurch hatte er einen guten Ruf in der Schweiz. Damals war es so, dass ein Lehrer verschiedene Patente erwerben konnte, um in den verschiedenen Kantonen unterrichten zu dürfen. Was meinem Vater jedoch fehlte, war die Zulassung für Zürich. Aufgrund seines guten Rufes ist er trotzdem nach Zürich versetzt worden, zunächst für zwei Jahre aushilfsweise, dann auf Dauer. Nachdem er zwei Jahre gependelt war, zogen meine Eltern nach Zürich. Das war natürlich etwas für meine Mutter. Dort lebte sie auf.

Das alles habe ich nicht so mitbekommen, weil ich mich zu der Zeit in der französischen Schweiz befand, um Französisch zu lernen. Die ersten drei Monate verbrachte ich bei einem alten Ehepaar, wo ich sehr unglücklich war. Monsieur war zwar ganz in Ordnung, hatte eine fantastische Bibliothek, die ich benutzen durfte, aber Madame war eine richtige Aristokratin, die

die Arbeit nicht erfunden hatte. Ich war dorthin gegangen als Haustochter, was bedeutete, ich sollte Französisch lernen und zum Ausgleich für Kost und Logis ein bisschen im Haushalt helfen. Doch als ich da war, entließen sie ihr Hausmädchen und übertrugen mir dessen Aufgaben.

Madame hatte sehr hohe Ansprüche. Zunächst verlangte sie, dass ich das ganze Haus von oben bis unten putzte. Danach kam das Messing dran – überall im Haus gab es Messing. Sämtliche Türbeschläge waren aus Messing, die Türknöpfe ebenfalls, und auf dem Kaminsims standen jede Menge Messingteller. Ich weiß nicht mehr, was im Haus noch alles aus diesem Metall war. Meine Aufgabe war es jedenfalls, jede Woche das ganze Messingzeug zu putzen. Heute habe ich den Eindruck, ich hätte dort nur Messing geputzt. Das kann aber nicht sein, denn ich musste auch kochen. Kochen konnte ich jedoch nicht, und Madame konnte es ebenso wenig. Bisher war dafür das Hausmädchen zuständig gewesen. Trotzdem haben wir es irgendwie immer geschafft, etwas auf den Tisch zu bringen. Eines Tages eröffnete mir Madame, welches Glück ich hätte, dass ich mit ihnen an einem Tisch essen dürfe. Sollte ich etwa stattdessen mit dem Hund aus dem Napf fressen?

Überhaupt ließ das Essen sehr zu wünschen übrig, denn es reichte nie wirklich aus. Allerdings muss ich zugeben, dass es 1947 nirgendwo üppig zuging, auch nicht in der Schweiz. Als es auf die Sommerferien zuging, kündigte Madame an: „Jetzt kommt meine Familie aus Genf zu Besuch. Die haben nicht so viel Geld. Denen muss ich etwas bieten." Ihre Familie, das war die Tochter mit Mann und zwei halbwüchsigen Söhnen. Aha, dachte ich, dann wird es bei Tisch wohl etwas reichlicher ausfallen. Madame begab sich zum Fischhändler am Neuenburger See und kaufte ein einziges Pfund frischen Fisch, und das für sieben Personen! Wir brieten ihn, so gut wir es konnten. Vor dem Auftragen aber ermahnte mich Madame: „Wenn es nicht für alle reichen sollte, dann verzichten Sie bitte auf Fisch."

Ich war zwar nicht wahnsinnig versessen auf Fisch, fand ihre Bemerkung aber doch ein bisschen unverschämt. Unverschämt war sie auch in anderer Hinsicht. Sie lud ständig ihre Freundinnen ein, und ich musste dann beim Bäcker Kuchen und Patisserie in großen Mengen kaufen. Die Einkäufe beim Bäcker wurden nie bar bezahlt, sondern fein säuberlich in ein Heftchen eingetragen, in eine Kolonne das Brot, in die andere Kuchen und Gebäck. Wenn dann am Monatsende die Rechnung kam, machte Madame oft erstaunte Augen, und einmal sagte sie vorwurfsvoll zu mir: „Sie essen zu viel Brot, das kostet zu viel! Das müssen Sie ändern!" Ich entgegnete darauf ganz ruhig: „Madame, zählen Sie mal zusammen hier die Kolonne für Brot, hier die für Patisserie. Davon habe ich nie etwas gesehen. Das haben ganz allein Ihre Freundinnen gegessen." Da ist sie sehr böse geworden und hat erklärt, sie verstehe nichts von Buchhaltung. Seelenruhig erwiderte ich: „Mit Buchhaltung hat das überhaupt nichts zu tun."

Das war das erste Mal in meinem Leben, dass ich mich gegen etwas gewehrt habe, das ich als ungerecht empfand. Was sie darauf geantwortet hat, weiß ich nicht mehr. Jedenfalls habe ich diesen Vorfall nach Hause gemeldet. Hinzu kam noch, dass sie dauernd mit mir Deutsch sprach. Das war schließlich nicht der Zweck meines Aufenthaltes. Ich war schließlich hier, um Französisch zu lernen, und nicht, damit Madame ihre Deutschkenntnisse aufpolierte. Ich hatte die Nase endgültig voll. Glücklicherweise ergab sich genau in diesem Moment für mich eine neue Perspektive.

Ab meinem siebten Lebensjahr hatte ich Geigenunterricht bekommen, zuerst bei einem Lehrer in unserem Ort, später bei einem Violinlehrer in Glarus, wo ich schon bald im Orchester mitspielen durfte. Um in Übung zu bleiben, hatte ich meine Violine auch in die französische Schweiz mitgenommen und wollte Stunden nehmen. Madame empfahl mir eine Lehrerin, doch schon nach wenigen Stunden Unterricht meinte Marie-Louise, die damals eine Zeit als Pensionsgast im Hause lebte und etwa gleichaltrig mit mir war: „Die ist nicht gut. Ich weiß eine bessere."

Woher sie die Kühnheit hatte, sich ein Urteil darüber erlauben zu können, weiß ich nicht. Jedenfalls glaubte ich ihr. Marie-Louise stellte mich der neuen Lehrerin vor. Nachdem ich ihr etwas vorgespielt hatte, nahm sie mich bereitwillig als Schülerin an. Mitten in einer Violinstunde seufzte sie: „So ein Mädchen wie dich könnte ich auch brauchen."

Das also war meine neue Perspektive. Sofort telefonierte ich nach Hause. Ich erklärte meinem Vater, was mir alles bei der bisherigen Madame nicht passte und dass ich deshalb wechseln wollte. Als ich gleich mit einer konkreten Alternative aufwarten konnte, war er sofort einverstanden.

Was die Arbeit bei meiner neuen Familie anbelangte, so kam ich vom Regen in die Traufe. Aber es hat sich gelohnt. Nie in meinem Leben habe ich so viel gelernt wie dort. Es war wirklich hochinteressant. Beide Ehepartner waren Künstler. Er fertigte ausgefallene künstlerische Gehäuse für Pendeluhren an, die aus Leder und Aluminium bestanden und die auf vielen Ausstellungen große Anerkennung fanden. Verkauft wurde praktisch nichts, denn den Leuten waren diese Uhren viel zu teuer. Der Preis war zwar gerechtfertigt, weil alles Handarbeit war und er viele Stunden daran gesessen hatte, aber niemand konnte das in jener Zeit bezahlen. Die Familie lebte also von dem, was die Frau verdiente. Sie gab nicht nur Violinstunden, sondern arbeitete auch als Dirigentin beim Neuenburger Orchester und hatte Gastauftritte vor allem in Frankreich. Nebenbei betrieb sie einen Ölhandel, der so gar nicht zu ihren künstlerischen Ambitionen passte, aber sie hatte ihn von ihren Eltern geerbt und bestritt damit weitgehend den Unterhalt für die Familie. Während sie Stunden gab, hat sie zwischendurch immer wieder am Telefon Öl verkauft.

Es war eine unglaublich schöne Zeit für mich in diesem Haus, obwohl das Geld mehr als knapp war. Für die Verpflegung von fünf Personen, mich eingerechnet, standen manchmal pro Woche nur zehn Franken zur Verfügung. Aber

Madame hat es immer irgendwie verstanden, über die Runden zu kommen, und es herrschte nie eine schlechte Stimmung. Sie pflegte immer zu sagen: „Weißt du, Maja, das Leben ist interessant, oder? Man muss lernen, flexibel zu sein. Man muss lernen, mit ganz wenig auszukommen. Man muss lernen, aufzutreten, obwohl man kein Geld hat."

Auftreten konnte sie wirklich meisterlich. Einmal sollte sie vor einem vornehmen Publikum ein Konzert geben und brauchte unbedingt ein neues Kleid. Also setzte sie sich hin und nähte für diesen Anlass einen Rock aus einem Stoff, den sie preiswert erstanden hatte. Nun fehlten ihr noch die passenden Schuhe. „Weißt du was, Maja?", sagte sie zu mir. „Auf dem Speicher habe ich noch meine Hochzeitsschuhe. Die sind zwar weiß, aber du bist doch so geschickt, du machst sie einfach schwarz." „Aber womit?", wollte ich wissen. „Das ist ganz einfach", sagte sie. „Wir kaufen ein Fläschchen schwarze Tinte, damit pinselst du sie an."

So geschah es. Mit dem selbst genähten Rock und den geschwärzten Brautschuhen trat sie als Dirigentin auf und wurde umjubelt. Niemand hat den Schuhen angesehen, dass sie jahrelang auf dem Dachboden gelegen hatten.

In diesem Hause habe ich also nicht nur Französisch gelernt, sondern auch wichtige Dinge fürs Leben: flexibel zu sein, aus nichts etwas zu machen und mit Menschen umzugehen. Einmal fand in der Dorfkirche eine Bachwoche statt, zu der sie großartige Musiker eingeladen hatte. Weil diese alle kein Geld hatten, kamen sie immer zum Essen zu uns. Am Abend spielten wir erst in der Kirche – ich durfte schon in der dritten Geige mitspielen –, dann rannten Madame und ich nach Hause und kochten für alle Spaghetti mit Tomatensoße. Völlig ausgehungert erschienen bald darauf die Künstler und stürzten sich auf das Essen. Natürlich gab es außer einem Lob für unsere Kochkünste auch hochinteressante Gespräche, von denen ich sehr profitierte. In diesem Haus blieb ich eindreiviertel Jahre. Nach meinem Abschied, der uns alle ein wenig traurig stimmte, habe ich exzellent Französisch gesprochen.

Anschließend kehrte ich zu meinen Eltern zurück, die inzwischen ja in Zürich lebten. Ich hatte es mir in den Kopf gesetzt, die Kunstgewerbeschule zu besuchen, denn ich war immer gut in Malen und Zeichnen gewesen. Das brachte mich auf die Idee, einen Beruf zu ergreifen, der in diese Richtung ging. Zunächst war ich froh, dass mir meine Eltern ohne Widerstand diesen Weg erlaubten, und wurde nach einer Aufnahmeprüfung in die Vorbereitungsklasse aufgenommen. Aber ich weiß noch, wie ich am ersten Tag auf dem Paradeplatz stand und weinte. Ich habe einfach das Ganze nicht ertragen, die vielen Leute, den vielen Verkehr. Da ich mein bisheriges Leben auf dem Land verbracht hatte, war ich solchen Trubel nicht gewohnt.

Die Schule bot viele Möglichkeiten mit verschiedenen Sparten. Zu meinem Bedauern erwischte ich eine Klasse, in der viele Ältere waren, die bereits eine Richtung gewählt hatten, zum Beispiel als Fotografen oder als Zeichenlehrer, und ich fühlte mich dort als absoluter Anfänger todunglücklich. Ich fand keine Erklärung dafür, warum man mich ausgerechnet in diese Klasse gesteckt hatte, wo ich mit Abstand die Jüngste war und mir wie ein Schlusslicht vorkam. Immer dachte ich, die können schon dies und das, nur ich kann nichts.

Nachdem ich das Gefühl hatte, lange genug gelitten zu haben, fasste ich mir ein Herz und fragte meinen Hauptlehrer rundheraus, warum ich in dieser Klasse sei.

Schmunzelnd erklärte er mir: „Wir haben immer wieder Leute aus dem Glarner Land – die sind so unverbraucht, noch nicht so verbogen und beeinflusst von tausend Dingen. Die sind noch sie selbst und haben noch eine Möglichkeit, sich selber zu verwirklichen." Über diese Antwort war ich mehr als erstaunt, doch von da an war ich zufrieden mit meinem Schicksal. Wenn das so ist, dachte ich, dann wird es wohl stimmen. Danach habe ich mich in dieser Schule ausgesprochen wohlgefühlt.

Am Ende des ersten Schuljahres mussten wir uns entscheiden, in welche Richtung wir gehen wollten. Bevor wir unsere Entscheidung trafen, durften wir uns in allen Profiklassen umschauen: Textilklasse, Innenausbau, Fotografie, Silber- und Goldschmiedehandwerk, Grafik, freies Gestalten. Nachdem ich überall hineingeschnuppert hatte, entschied ich mich für Innenausbau. Das lag mir am meisten, denn ich hatte schon immer gerne etwas mit den Händen gestaltet. Ausschlaggebend war jedoch, dass ich eine Schülerin beobachtet hatte, die gerade ein Modell für ein Zimmer baute. Ein Schlafzimmer richtete sie ein, mit winzigen Betten, Nachtkästen, Kleiderschrank, Gardinen und was sonst alles dazugehörte. Das hat mir so imponiert, dass ich mich spontan zur Aufnahmeprüfung für die Klasse Innenausbau anmeldete. Meinen Eltern gegenüber erwähnte ich nichts davon. Es wäre mir zuwider gewesen, vorher von allen Seiten Mut zugesprochen zu bekommen. Ich bin einfach angetreten mit dem Gedanken: Wenn die Prüfung gelingt, ist es gut, und wenn ich durchfalle, erfahren sie es noch früh genug.

Die Prüfung ist gelungen, und ich war sehr glücklich darüber. In der Klasse waren wir zehn junge Männer und vier Mädchen. Wir verstanden uns ganz gut und hatten ein eher kumpelhaftes Verhältnis zueinander. Ich schloss die Schule später mit einem Diplom als Innenarchitektin ab. Finnland galt damals als Mekka für Architekten und Innenarchitekten, denn dort hatte man einen neuen Baustil, ein neues Möbeldesign und einen neuartigen Trend im Kunsthandwerk entwickelt. Überhaupt war der ganze Lebensstil in Finnland völlig verschieden von unserem. In Finnland waren nach dem Krieg vor allem die Frauen gefordert, weil ja Hunderttausende von Männern ums Leben gekommen waren, und man spürte in allen Bereichen hautnah, dass da Frauen am Werk waren, und zwar gescheite Frauen.

Deshalb wollte ich nach dem Examen für eine Zeit nach Finnland, und wieder kam mir der Zufall zu Hilfe. Die Lehrerin unserer Textilklasse hatte für einige Monate ein finnisches Mädchen zu Gast gehabt, das wieder nach Hause wollte. Ich hatte die Vierzehnjährige in der Schule kennengelernt und erklärte ihr jetzt mit der Überlegenheit meiner neunzehn Jahre: „Du, das ist aber nichts, wenn du ganz allein quer durch Europa fährst. Wenn du mir in deiner Heimat ein Zimmer besorgst, werde ich dich begleiten."

Auf diese Weise kam ich nach Finnland, in das Land meiner Träume. Für die Hinfahrt hatte mein Geld gerade gereicht, aber ich hatte keines mehr für die Rückfahrt. Insgeheim hoffte ich ohnedies, dort bleiben zu können, und hatte mir vorsorglich Tipps von Kollegen geben lassen, wie man in Finnland an Arbeit kam. Ich solle nicht über offizielle Stellen gehen, hieß es, denn dann werde es kompliziert. Da gebe es Vorschriften, und man müsse Berichte abliefern. Am einfachsten sei es, als Touristin einzureisen und nach drei Wochen zu erklären, dass man gerne bleiben würde. Wenn ich das Glück hätte, Arbeit zu finden, werde der Arbeitgeber schon für die Aufenthaltsgenehmigung sorgen. Und wirklich klappte alles wie vorhergesagt.

In Finnland konnte man sich zu jener Zeit ohne Weiteres auf Deutsch verständigen, denn es gab viele, die Deutsch sprachen. Bald schon fand ich eine Arbeit direkt in Helsinki, in der Abteilung für Innendekoration eines großen Warenhauses. Ich konnte also in meinem erlernten Beruf arbeiten, bekam Berufserfahrung und lernte viel Neues.

Ein ganzes Jahr blieb ich im Land der tausend Seen und hatte nachher das Gefühl, ich hätte das ganze Jahr Ferien gemacht. In meiner Firma haben sie das nämlich sehr locker gesehen mit der Arbeit. Natürlich habe ich auch das Land bereist und dafür zwei Wochen unbezahlten Urlaub genommen. Ich fuhr herum mit einigen Kolleginnen, mit denen ich mich bald angefreundet hatte.

Ein nettes Erlebnis ist mir besonders in Erinnerung geblieben: Einmal sollte ich in einem grafischen Atelier etwas abgeben, nur als ich vor dem angegebenen Gebäude stand, war von einem Atelier weit und breit nichts zu sehen. Neben der Haustür entdeckte ich lediglich ein Schild mit der Aufschrift: Hammaslääkkeri. Was sollte das heißen? Ich hatte keine Ahnung. Versuch ich es halt einmal, dachte ich mir. Auf mein Läuten hin öffnete eine junge Dame in Weiß, ließ mich ein und führte mich in ein Zimmer. An den beiden Längswänden standen Stuhlreihen, auf denen viele Leute saßen. Also, ein grafisches Atelier war das garantiert nicht. Unschlüssig stand ich eine Weile mitten im Raum und fragte schließlich in die Runde: „Spricht jemand Deutsch?"

Es meldete sich ein älterer Mann. Erleichtert fragte ich ihn: „Können Sie mir sagen, was das hier ist?"

„Eine Zahnarztpraxis", war seine Antwort. Verdutzt stotterte ich: „Aber ... aber ... ich habe diese Adresse. Ich ... ich ... suche ein grafisches Atelier."

Der Mann erklärte mir lächelnd: „Da sind Sie schon richtig. Das Atelier befindet sich in diesem Haus, aber der Zugang ist von der Rückseite."

Ich bedankte mich höflich und kam doch noch an die richtige Adresse.

Nachdem ich wieder in die Schweiz zurückgekehrt war, hatte ich erneut Glück, denn nach kurzer Zeit erhielt ich das Angebot, für die Stadt Winterthur eine Wohnberatungsstelle zu eröffnen, und damit ergriff ich einen Beruf, den es bis dahin in der Schweiz nicht gegeben hatte.

Familie anno 1920

Irene B., Jahrgang 1922, aus Gösenroth/Hunsrück

Ehe ich mit meiner eigenen Geschichte beginne, muss ich ein bisschen ausholen, denn bei uns lagen komplizierte Familienverhältnisse vor. Meine Mutter stammte von einem wohlhabenden Bauernhof und hatte bei ihrer Heirat eine anständige Mitgift in die Ehe gebracht: viertausend Mark. Das war damals ein Vermögen und hätte für ein komplettes Haus gereicht. Der junge Mann war auch nicht gerade arm, denn er würde als einziges Kind seiner Eltern deren Bauernhof erben. Die beiden heirateten 1912, im Januar 1913 wurde das erste Kind geboren, der Sohn Peter, und im Dezember desselben Jahres folgte gleich das zweite Kind, die Tochter Anna. Meine Mutter, in einem reichen Haus aufgewachsen, hatte nie viel tun müssen und war einigermaßen verwöhnt gewesen. Für die Arbeit waren Mägde zuständig gewesen, und so schaute sie sich ganz schön um, als sie plötzlich zwei Säuglinge zu versorgen hatte. Kaum waren die aus dem Gröbsten heraus, wurde 1915 der

Sohn Georg geboren. Da ihr Mann zu diesem Zeitpunkt schon an der Front war, musste sie zusätzlich auf dem Feld und im Stall mitarbeiten. Sie konnte ja seine Eltern diese Arbeit nicht allein machen lassen.

Als der Krieg 1918 zu Ende ging, kam ihr Mann nicht wieder zurück. Er galt als vermisst, und lange Zeit hoffte sie auf ein Lebenszeichen. Doch dann berichtete ein Soldat aus dem Nachbarort, der aus der Kriegsgefangenschaft heimkehrte: „Der lebt nicht mehr. Seine Gruppe hat einen Volltreffer abbekommen. Da ist nichts übrig geblieben."

Das war für die alten Eltern hart, besonders aber für meine Mutter, die jetzt mit drei kleinen Kindern und der ganzen Landwirtschaft, von der sie kaum Ahnung hatte, dastand. Schon während der Kriegsjahre hatten sie sich nur recht und schlecht durchgewurstelt, und der Betrieb war ziemlich heruntergekommen. So konnte es nicht weitergehen. Der Ertrag des Hofes reichte nicht aus, das alte Bauernpaar sowie die junge Frau mit ihren drei Kindern zu ernähren. Was sollte sie tun?

Meine Mutter fühlte sich komplett überfordert. In dieser Situation hatte sie das große Glück, einen tüchtigen Knecht zu finden, der gerade aus dem Krieg zurückgekehrt war. Eigentlich war er gelernter Maurer, konnte aber in seinem Beruf nicht gleich eine Stelle finden. Also verdingte er sich erst einmal als Knecht. Er war ein tatkräftiger Mann, schaffte von früh bis spät und brachte in wenigen Jahren den heruntergewirtschafteten Betrieb wieder auf Vordermann.

Das Haus befand sich mittlerweile ebenfalls in einem miserablen Zustand. 1782 erbaut, war seitdem fast nichts mehr daran gemacht worden. Anstatt von der Mitgift meiner Mutter etwas in die Renovierung zu stecken, legte ihr Schwiegervater, der das Geld nach dem Tod seines Sohnes verwaltete, es lieber auf die Seite. Er erwartete, dass der neue Knecht, der schließlich Maurer war, sich zusätzlich um das verwahrloste Haus kümmern würde. Durchs Dach regnete es bereits durch, doch von einer Erneuerung wollte der alte Bauer nichts wissen und rückte keinen Pfennig heraus.

Nachdem er einige Jahre auf dem Hof war, hätte der Knecht meine Mutter gerne geheiratet. Aber davon wollten die Schwiegereltern nichts wissen. Ein neuer Mann in dem Haus, das eigentlich ihrem Sohn gehörte? Unmöglich! Dabei hätten sie ohne ihn gar nicht mehr existieren können. Er war es schließlich gewesen, der den Hof wieder in die Höhe gebracht hatte und sich um alles kümmerte. Damals gab es keinerlei Subventionen und für Bauern keinerlei Rente, sodass sie auf einen Versorger angewiesen waren.

Aber weil das die beiden Alten nicht einsehen wollten, fand der Knecht es bald nicht mehr in Ordnung, dass er nur die Arbeit machen, aber sonst nichts zu melden hatte. Es kam, wie es kommen musste, und eines schönen Tages war meine Mutter schwanger. Damit hatte sie zumindest erreicht, dass die Schwiegereltern ihren Widerstand gegen eine Heirat aufgaben. Doch gleich nach der Hochzeit forderte der Altbauer unmissverständlich, mein Vater müsse jetzt sein Geld in Haus und Hof stecken, was er dann auch tat. Aber das bisschen Geld war schnell verbraucht, während die Mitgift meiner Mutter weiterhin unangetastet blieb. Als 1923 die Inflation kam, verlor das ganze Geld seinen Wert, das auf dem Sparbuch ebenso wie das im Schrank. Da hat der Alte dumm geschaut.

Mein Vater stammte ebenfalls aus einer Bauernfamilie, aber nur einer von den fünf Söhnen hatte auf dem Hof bleiben können. Alle anderen mussten ein Handwerk erlernen, und so wurde mein Vater Maurer, hatte aber nebenbei immer in der Landwirtschaft geholfen. Das kam ihm später zugute.

Ich habe mehr an meinem Vater gehangen als an meiner Mutter. Vielleicht lag es daran, dass er bei meiner Geburt schon älter war, immerhin bereits einundvierzig. Sicher brachte er mehr Verständnis für Kinder auf als ein junger Vater, und auch mehr als meine Mutter. Allerdings musste er seine Liebe hauptsächlich auf zwei Kinder verteilen, auf mich und meine anderthalb Jahre jüngere Schwester Lisa, während meine Mutter ja fünf Kinder hatte.

Ich hörte immer gerne zu, wenn er von früher erzählte. Folgende Geschichte gefiel mir besonders gut:

„Bei uns im Dorf hatte jeder Hof einen Namen. Das heißt, wenn man von den Leuten sprach, benutzte man selten ihren Vor- oder Zunamen, sondern nur den Hausnamen. Zusätzlich hatten viele einen Spitznamen, die meist bekannter waren als die richtigen Namen. Als ich lange vor dem Ersten Weltkrieg für eine Weile von zu Hause fort war und die Leute im Ruhrgebiet mein Hunsrücker Platt nicht verstanden, gewöhnte ich es mir an, Hochdeutsch zu sprechen und vergaß nach und nach auch die Eigenheiten unserer Sprache wie die Sache mit den Spitznamen. Als ich nach sieben Jahren zurückkehrte, kaufte ich mir von meinem Ersparten ein Fahrrad. Kein Mensch im Hunsrück kannte damals ein Fahrrad, und staunend umringten mich die Dorfbewohner. Einige versuchten damit zu fahren, doch sie kippten alle um. Am nächsten Tag wollte ich mit meinem viel bewunderten Gefährt einen Ausflug machen. ‚Ich fahre morgen nach Rhaunen', verkündete ich meiner Familie. ‚Ich will zum Schuster und im Dorf ein paar Leute besuchen.' ‚Ach, August', bat mein Bruder, ‚da könntest du was für mich erledigen. Für meine Schreinerei habe ich Holz ersteigert. Das liegt noch im Wald. Ohne Holzabfuhrschein darf ich es nicht holen. Geh doch aufs Bürgermeisteramt, Zimmer vier, zum Prüttel und sag, du wolltest für mich den Schein holen.' Ich fuhr also nach Rhaunen und marschierte aufs Amt, Zimmer vier. Es saßen mehrere Männer in diesem Raum. Freundlich grüßte ich mit ‚Guten Morgen'. Verwundert schauten alle von ihren Schreibtischen hoch. Kein Mensch hätte bei uns ‚Guten Morgen' gesagt. Bei uns hieß das einfach: ‚Meuje'. Im besten Hochdeutsch fuhr ich dann fort: ‚Ich möchte gerne zum Herrn Prüttel.' Da sprang einer der Schreiber auf und rannte zur Tür hinaus. Ein anderer legte den Kopf auf den Schreibtisch, und seine zuckenden Schultern verrieten, dass er sich nicht halten konnte vor Lachen. Der dritte Mann, der noch im Raum saß, schrieb seelenruhig weiter. Ich wunderte mich, wartete eine Weile und wandte mich dann an ihn: ‚Ich denke, ich bin hier richtig. Ich wollte zum Herrn Prüttel.' Der Schreiber gab noch immer keine Antwort. Mit einer hilflosen Geste fragte ich: ‚Was ist hier eigentlich los? Jetzt kenne ich mich nicht mehr aus. Dabei bin ich doch nur einige Jahre im Ruhrgebiet gewesen. Für meinen Bruder, den Ferdinand Stamm, soll ich beim Herrn Prüttel einen Holzabfuhrschein holen.' Endlich reagierte der stumme Schreiber: ‚Mein Name ist Krug.' Da fiel es mir wie Schuppen von den Augen. Prüttel war sein Spitzname! Ich wünschte, die Erde würde sich auftun. In der ganzen Bürgermeisterei hat man über mich gelacht."

Das Leben bei uns war nicht einfach. Auf einem Bauernhof ist es nie leicht, doch unsere besonderen Familienverhältnisse machten die Sache teilweise recht problematisch. Die Kinder aus erster Ehe wurden von ihrer Großmutter ständig aufgehetzt, besonders meine Schwester Anna, und dadurch gab es oft Reibereien. Das war für meine Mutter eine schwierige Situation, weil sie immer dazwischenstand. Zusätzlich ging es ums Erbe. Die Alten hatten ein Testament gemacht, demzufolge meine Mutter nichts erben sollte. Das Haus jedoch konnten sie ihr nicht nehmen, denn wegen ihrer großen Mitgift hatte ihr erster Mann es zu ihrer Absicherung auf ihren Namen überschreiben lassen. Aber das Land gehörte nach wie vor den Großeltern. Damit der ungeliebte zweite Ehemann es nicht nutzen konnte, verpachteten sie es einfach, und mein Vater nahm wieder eine Stelle als Maurer an. Damit verdiente er gutes Geld, doch als drei Jahre später die Großmutter feststellte, dass die Verpachtung kein lukratives Geschäft war, und das Land meinem Vater anbot, griff er sofort zu.

Auch am Haus arbeitete er beständig, sobald er etwas Geld zusammengespart hatte. Zuerst erneuerte er das Dach, dann reparierte er die Fassade, und als Letztes kam der Keller an die Reihe. Das war Anfang der Dreißigerjahre, als es viele Arbeitslose gab, die oft nicht wussten, wie sie satt werden sollten. In ihrer Not blieb ihnen nichts anderes übrig, als zu stehlen. Eines Nachts also stieg wohl jemand in unseren Keller ein, der an einer Stelle frei zugänglich war, und am nächsten Morgen war das Pökelfass leer. Alles war weg, nur ein paar Füßchen waren uns von dem ganzen Schwein geblieben – die lagen nämlich schon in der Speisekammer als Mittagessen für den nächsten Tag. Es waren schlimme Zeiten, denn auch in der Politik ging es drunter und drüber. Eine Regierung nach der anderen wurde aufgelöst, die sich alle nur mit Notstandsgesetzen über Wasser hielten. Reichskanzler war damals Heinrich Brüning, und wir Kinder grölten lauthals auf der Straße: „Auf dem Brüning seiner Glatz' hat noch 'ne Notverordnung Platz."

Sämtliche Kinder des Dorfes wurden gemeinsam von einem einzigen Lehrer unterrichtet. Zwar haben wir nicht viel gelernt, aber der Mann war geschickt im Organisieren und kommandierte die älteren Schüler ab, mit den Erstklässlern Lesen und Schreiben zu üben. Als ich in die Schule kam, gehörten zu meinen ersten Schreibübungen die Sätze: „Heil dir Führer, Adolf Hitler, jauchzt das ganze deutsche Land. Als ein neuer Heilsvermittler bist du uns von Gott gesandt."

Als mein Vater das las, schüttelte er den Kopf und schimpfte: „Mensch, der hat sie nicht mehr alle. Wie kann man sich als Kanzler so was anmaßen!"

Später, als Hitler in Russland einmarschierte, äußerte mein Vater erneut: „Hat der Mensch sie noch alle?“ Er ließ uns immer fühlen, dass er das ganze Theater nicht leiden konnte, das von und um Hitler gemacht wurde. Seine Abneigung hat mich von früh auf geprägt.

Als ich zehn war, sollte ich zu den Jungmädels gehen, aber ich weigerte mich, und es war wieder mein Vater, der mir in dieser Situation beistand. Als ein Vertreter der Partei bei ihm vorsprach, fertigte mein Vater ihn kurz ab: „Meine Tochter geht dort nicht hin.“ Sicher, ein paar Schwierigkeiten bekamen wir durch diese Weigerung schon, aber das war mir lieber, als so einem Verein anzugehören.

Einige Jahre war die wirtschaftliche Not groß. In einem Nachbarort lebten Leute, die waren wirklich so arm, dass sie betteln gehen mussten. Zu uns kamen sie, um sich Haferspreu für ihre Betten zu holen. Damals hatte niemand Matratzen. Leinensäcke wurden mit Spreu gefüllt, zugenäht und dann in die Betten gelegt. Man schlief wunderbar darauf, besonders, wenn sie gerade frisch gefüllt waren. Die armen Leute mussten sich mit Stroh begnügen und waren deshalb dankbar, wenn sie zusätzlich ein bisschen Spreu bekamen. Der Mann aus dem Nachbardorf holte es im Sommer mit einem Karren, vor den ein Hund gespannt war.

Im Winter kam er ebenfalls, denn er war Korbflechter oder Mannemächer, wie das im Hunsrück heißt. Auf unserem Grund wuchsen einige Weiden, die er selbst schnitt und daraus für uns Körbe flocht, „Manne“ eben. Meist erschien er am späten Vormittag, kurz bevor das Mittagessen fertig war. Er aß immer mit und schlug dann so kräftig zu, dass meine Mutter zu sagen pflegte: „Man meint gerade, der hätte seit vierzehn Tagen nichts mehr gegessen.“ Auf jeden Fall hatte er nicht gefrühstückt, und am Nachmittag langte er noch einmal kräftig zu bei Kaffee mit Butterbroten. Direkt danach ging er heim, weil es im Winter schon gegen fünf Uhr dunkel wurde und Straßenbeleuchtung noch unbekannt war. In der Zwischenzeit jedoch hat er schöne, solide Körbe geflochten.

Wenn im September die Zwetschen gepflückt wurden, füllte mein Vater diese Weidenkörbe, lud sie auf sein Fuhrwerk und kutschierte damit nach Rhaunen, einem größeren Ort, wo es genug Leute gab, die keine eigenen Obstbäume hatten. Die kauften die Zwetschen direkt vom Wagen, denn in den Geschäften pflegte man damals noch kein Obst zu kaufen. Waren die Körbe schmutzig und unansehnlich geworden, verwendete man sie für Kartoffeln oder für

Brennholz. Andere gingen kaputt, und so war der Korbmacher jedes Jahr beschäftigt.

Zum Spielen blieb uns nicht viel Zeit, und wir hatten auch nicht viel. Ich erinnere mich noch an eine Holzpuppe mit Lederarmen und -beinen, mit der wir drei Schwestern entweder gemeinsam oder abwechselnd spielten. Wir bekamen sie nur in der Weihnachtszeit, denn am Dreikönigstag verschwand sie immer wieder auf unerklärliche Weise, um dann am nächsten Heiligabend in einem neuen Kleid unter dem Baum zu liegen. Das war alles an Geschenken, außer einem Teller voller Plätzchen sowie ein paar Nüssen und Äpfeln. Obwohl es zu mehr nicht reichte, waren wir glücklich mit unseren Weihnachtstellern.

Für die ganze Familie wurde immer ein ganzer Korb voller Weihnachtsplätzchen gebacken. Rechtzeitig vor dem Fest erschien ein Mann aus dem Nachbardorf, der in unserem Backhaus auf dem Hof das Feuer schürte. Wenn wir mit den Backblechen und dem Brot kamen, schob er alles hinein und wartete. Nach dem Backen tippte er dann mit dem Finger auf das eine oder andere Plätzchen und behauptete: „Ach, das ist nicht so schön geraten, das esse ich besser.“

Die Mutter sagte dann: „Der isst uns ja fast ein ganzes Blech weg."

„Ach, lass ihn doch", antwortete ich einmal. „Wir haben doch noch genug." Er tat mir so leid, denn er war wirklich schrecklich arm.

Neben Weihnachten war das herausragende Ereignis des Jahres die Laurentiuskirmes, die Anfang August in einem Nachbarort stattfand. Wir bekamen immer ein paar Groschen Kirmesgeld und gingen meist mit unserem Vater, seltener mit der Mutter dorthin. Da gab es Buden mit Süßigkeiten, mit Spielzeug, mit Haushaltswaren, dazu eine Schießbude und ein Karussell. Natürlich hätte man am liebsten überall ein bisschen gekauft oder wäre gerne mal mit dem Karussell gefahren, aber man musste sich seine Groschen gut einteilen. Vielleicht entdeckte man ja etwas, das einem noch besser gefiel. Als es Eis auf der Kirmes zu kaufen gab, gönnte ich mir immer zwei Bällchen – das war für mich der Gipfel der Glückseligkeit. Am späten Nachmittag schauten wir dann im Wirtshaus dem Tanz zu, solange wir noch zu jung waren, selber mitzumachen.

Eines Sonntags war es wieder einmal so weit. Meine jüngere Schwester und ich wollten zur Laurentiuskirmes gehen – allein, denn wir waren inzwischen fünfzehn und sechzehn Jahre alt. Wir freuten uns riesig und machten uns so fein, wie wir konnten. Das heißt, wir haben unser Sonntagskleid angezogen, uns sorgfältig gekämmt und eine Spange ins Haar geklemmt. Schleifen trugen wir schon nicht mehr. Das wäre uns zu kindisch vorgekommen. Doch in dem Moment, als wir losmarschieren wollten, sagte mein Vater: „Nichts ist mit Kirmes. Zieht sofort die guten Sachen aus. Wir bringen das Getreide rein. Es gibt ein Gewitter."

Innerlich grollend gehorchten wir. Etwas dagegen zu sagen, wagten wir nicht. Damals hat man als Kind nicht widersprochen. Das gab es einfach nicht. Wir fuhren also mit dem Vater aufs Feld, wo das Getreide zu Garben zusammengebunden war. Es war gerade trocken genug, um eingefahren zu werden. Hastig luden wir Garbe um Garbe auf den Wagen, der von Kühen gezogen wurde. Drei Wagen voll Roggen und einen voll Weizen hatten wir schon eingebracht. Kaum erreichten wir mit dem vierten Wagen die Scheune, hörten wir Donnergrollen, und dann ging es Schlag auf Schlag: Blitze zuckten, Regen prasselte herunter, und bald schüttete es wie aus Eimern. Dazu blitzte und donnerte es, dass einem angst und bange wurde. Beruhigt stellte mein Vater fest: „Hauptsache, wir haben Brot fürs ganze Jahr."

Die Leute, die trotz des drohenden Unwetters die Kirmes besucht hatten, waren nachher arm dran, denn ab dem Laurentiustag hat es wochenlang geregnet, und das meiste Getreide verdarb. Der Kommentar meines Vaters lautete: „Seht ihr jetzt, wie gut es war, dass wir das Getreide sofort eingefahren haben? Wärt ihr auf dem Laurenze rumgerannt, hätten wir im kommenden Winter kein Brot." Als ich aus der Schule entlassen wurde, wäre ich gerne Schneiderin geworden oder Krankenschwester. Aber beides war nicht möglich, weil ich zu Hause dringend gebraucht wurde – die Brüder waren ja schon beim Militär.

Schneiderin zu werden, konnte ich mir deshalb gut vorstellen, weil ich von klein auf gerne genäht habe. Meine Mutter besaß eine Nähmaschine und konnte damit recht gut umgehen. Sie machte alle Kleidungsstücke für die Familie selbst. Einmal schlich ich mich als Kind an ihre Maschine und versuchte zu nähen, aber das war ein Malheur, denn anschließend musste meine Mutter einen Fachmann kommen lassen, der die Maschine wieder reparierte. Ich kann mich noch gut an ihre Strafpredigt erinnern. Ansonsten waren wir Kinder, wie damals üblich, eher sehr folgsam und kamen selten auf dumme Ideen.

Der Beruf der Krankenschwester gefiel mir, weil mein Vater im Ersten Weltkrieg Sanitäter gewesen war. Auf dem Land ging man überdies nur im Notfall zum Arzt, weil die wenigsten Leute hier eine Krankenversicherung hatten, und so waren ehemalige Sanitäter, die ein bisschen Ahnung hatten, sehr gefragt.

„August", hieß es beispielsweise, „du weißt doch Bescheid, ich hab da so ein Geschwür. Was soll ich tun?"

Er riet ihnen dann, nach Rhaunen in die Apotheke zu fahren und Schwarze Salbe zu verlangen. Damit heilten die Geschwüre schnell ab.

Einmal, als wir beiden Mädchen schon fast erwachsen waren, bekam meine Schwester Lisa einen heftigen Hautausschlag. Der Vater schaute sich das an und gab mir den Auftrag: „Fahr zur Apotheke und sag einen schönen Gruß von mir, du wolltest Dresantin-Salbe."

Mit dem Fahrrad machte ich mich auf den Weg, und als ich wenig später mit der Salbe zurückkam, bestrich mein Vater die erkrankten Hautstellen damit. Doch es trat keine Besserung ein, im Gegenteil. Die arme Lisa konnte die ganze Nacht nicht schlafen und geisterte, vor Schmerz gepeinigt, in der Wohnung herum. Am folgenden Morgen schickte mein Vater uns mit dem Bus nach Bad Kreuznach zum Hautarzt. Verwundert fragte der Doktor: „Was habt ihr denn da draufgeschmiert?"

Ich, als Ältere, erklärte ihm nicht ohne Stolz: „Mein Vater war im letzten Krieg Sanitäter. Der kennt sich aus. Weil wir nicht in der Krankenkasse sind, hat er mich in der Apotheke Dresantin-Salbe kaufen lassen."

„Um Gottes willen!", entsetzte sich der Arzt. „Was fällt dem alten Bauern ein? Da will er alles selbst machen und bringt seine Tochter fast um."

Er gab uns ein neues Rezept, und damit waren wir entlassen.

Wenngleich mein Vater wirklich über vieles Bescheid wusste, das mit der Dresantin-Salbe war ein Reinfall. Die mochte für hartgesottene Soldaten, die vom Tragen der Gasmaske eine Bartflechte bekamen, in Ordnung gewesen sein, aber nicht für die zarte Haut eines jungen Mädchens.

Ich habe mich manches Mal um meine Jugend betrogen gefühlt, denn ich wäre so gerne zu Tanzveranstaltungen gegangen. Zuerst war ich immer zu jung dafür, doch als ich alt genug war, brach der Krieg aus, und zumindest bei uns war es aus und vorbei mit solchen Vergnügungen. Erst nach dem Krieg bin ich zum Tanzen gegangen und habe gleich bei einer solchen Veranstaltung meinen späteren Mann kennengelernt. Von dem gibt es auch eine nette Geschichte zu erzählen.

Als er noch ein Bub war und zur Schule ging, hatte er einen Lehrer, der jeden Mittag um zwölf Uhr fürs Läuten der Glocken verantwortlich war, damit die Bauern auf dem Feld zum Mittagessen gerufen wurden. Damals besaß ja niemand eine Armbanduhr. Wenn der Lehrer selbst nicht zum Läuten gehen konnte, weil er noch Unterricht hatte, schickte er immer einen von den älteren Schülern. Das ging reihum, und alle übernahmen diese Aufgabe gerne. Einmal nun war der Fritz an der Reihe und marschierte los. Nach wenigen Minuten hätte man die Glocke hören müssen, aber es tat sich nichts. Nervös blickte der Lehrer auf seine Uhr. Nach weiteren Minuten ging die Tür auf, und der Fritz kam zurück.

„Warum hast du nicht geläutet?“, herrschte ihn der Lehrer an.

„Ich konnte nicht. Am Glockenseil hängt ein Mann“, stotterte der Bub vor Aufregung. Ohne eine weitere Frage zu stellen oder eine Erklärung abzuwarten, stürzte der Lehrer aus der Klasse und rannte in Richtung Kirche. Außer Atem erreichte er den Vorraum, wo das Glockenseil hing, und sah den Spuk. Bei dem Mann handelte es sich lediglich um einen Korb, den ein Spaßvogel ganz hoch am Glockenseil angeknüpft hatte, sodass man es von unten vielleicht wirklich für einen Menschen halten konnte. Oder hatte Fritz mit „Mann" in der Sprachweise des Hunsrück einen Korb gemeint? Das ließ sich nicht mehr eindeutig feststellen. Jedenfalls hatte der Lehrer nichts Besseres zu tun, als den armen Jungen zu bestrafen. Ob die Bauern an diesem Tag rechtzeitig zu ihrem Mittagessen gekommen sind, weiß ich nicht. Ebenso wenig ist jemals herausgekommen, wer sich diesen Scherz mit dem „Mann am Glockenseil" erlaubt hat.

Der rote Fuchs

Vicky, Jahrgang 1919, aus Dudelange (Düdelingen), Luxemburg

Meine Großmutter war Luxemburgerin und ging, wie viele andere das vor dem Ersten Weltkrieg taten, der Sprache wegen nach Frankreich. Die Mädchen verdingten sich meist als Kindermädchen, Stubenmädchen oder als Dienstmädchen. Meine Großmutter jedoch arbeitete als Köchin in einem renommierten Restaurant in Paris und heiratete später einen der Söhne des Hauses. Diesem Großvater verdanke ich meinen französischen Nachnamen.

Obwohl meine Großeltern in Paris lebten, fuhr die Großmutter jedes Mal nach Luxemburg, um dort ihre Kinder zur Welt zu bringen. Eines davon, mein Vater, kehrte später Frankreich den Rücken und gründete im luxemburgischen Düdelingen eine Familie.

Ich kam an einem sehr kalten Novembertag zur Welt. Da meine Mutter sich vorher eine böse Erkältung zugezogen hatte, setzten ihr die Strapazen der Geburt so zu, dass man um ihr Leben fürchtete. Der Arzt, der bei der Hausgeburt anwesend war, entschied: „Wir müssen die Mutter retten, das Kind stirbt sowieso."

Doch es kam anders, und ich gewann den Kampf ums Überleben. Man gab mir, wie das früher so üblich war, den Namen einer Verwandten: Victorine, also eine Abwandlung von Victoria, was bekanntlich Sieg bedeutet. Nomen est omen, denn dieser Name sollte wegweisend für mein Leben werden.

Meine Mutter war mittelblond, während mein Vater pechschwarzes Haar hatte, wohl das Erbe eines spanischen Vorfahren. Als sie ihr erstes Kind erwartete, hatte meine Mutter in der Nachbarschaft stolz geprahlt: „Was werden wir für einen schönen schwarzhaarigen Prinzen bekommen!" Wie groß war daher ihre Enttäuschung, als statt des erwarteten Prinzen ein Mädchen in der Wiege lag. Aber damit nicht genug – das Kind hatte keine schwarzen Haare, auch keine blonden, sondern die Haare waren rot! Damals war das ein absoluter Schönheitsfehler.

Ich erinnere mich noch genau daran, wann mir das zum ersten Mal bewusst wurde. Ich war vielleicht vier Jahre alt und spielte mit anderen Kindern in der Straße vor unserem neu erbauten Haus, als ich plötzlich eine Nachbarin zu einer anderen sagen hörte: „Das ist ja schlimm mit den roten Haaren bei dem Kind. Die Eltern können einem leidtun!"

Ich habe nichts gesagt und nichts gefragt, doch die Bemerkung setzte sich in meinem Kopf fest und hat mich von Stunde an belastet. Bei meiner Einschulung gab mir meine Mutter gleich eine Warnung mit auf den Weg: „Jetzt wirst du roter Fuchs genannt, aber mach dir nichts draus." Es war dann wirklich nicht einfach für mich in der Schule, denn von den Mitschülern wurde ich oft gehänselt.

Trotzdem verlebte ich eine schöne Kindheit. Wir wohnten in der Blumenstraße, die ihren Namen zu Recht trug. Alle Häuser dort waren von großen Gärten umgeben, in denen es nur so grünte und blühte. Es gab viele Kinder, sodass es an Spielkameraden nicht mangelte. Mit meinem Aussehen fanden sich meine Eltern im Laufe der Jahre ab, obwohl auch ihnen die abschätzigen Blicke der anderen etwas ausmachten und sie im Grunde ihres Herzens meine roten Haare immer als einen Makel empfanden.

Sechs Jahre nach mir wurde dann der ersehnte männliche Erbe geboren – er sah genauso aus, wie meine Eltern es sich erträumt hatten, ein schwarzhaariger, hübscher Junge, und ihr

Glück schien vollkommen. Auch wenn ich das Gefühl hatte, noch mehr ins Abseits zu geraten, hinderte mich das nicht daran, meinen Bruder über alles zu lieben. Allerdings würde dieser ersehnte Stammhalter später meine Eltern bitter enttäuschen. Doch davon später.

In unserer Schule unterrichteten Nonnen, die von der Gemeinde als Lehrerinnen angestellt waren. Sie begleiteten uns auch einmal im Jahr zur Schuluntersuchung, die im Gebäude der Jungenschule durchgeführt wurde. Jedes Mal empfahlen sie: „Legt die Schürzen schon ab, dann geht es beim Arzt schneller."

Unglücklicherweise trug ich an einem solchen Untersuchungstag unter meiner langärmeligen Schürze ein Kleid mit kurzen Ärmeln. Entsetzt schaute mich die Nonne an und erklärte: „So kannst du nicht zur Untersuchung. Geh schnell nach Hause und zieh dich um."

Wir wohnten, Gott sei Dank, nicht weit weg von der Schule. Meine Mutter war sprachlos, als ich völlig außer Atem nach Hause kam und ein langärmeliges Kleid verlangte, aber Hauptsache, die Nonne war zufrieden. Solche Sachen kann sich heute niemand mehr vorstellen!

Es gibt noch eine zweite Kleidergeschichte,

die in diese Richtung geht und die zeigt, dass es in meinem Elternhaus offensichtlich schon freizügiger zuging. Als ich im siebten Schuljahr war, hatte mir meine Mutter ein schönes Kleid geschneidert aus rotem Stoff mit weißen Punkten. Es war zwar züchtig hochgeschlossen bis zum Hals, aber es hatte kurze Ärmel – gerade richtig für einen heißen Sommertag, dachte ich. Doch schon auf dem Schulweg sprachen mich Klassenkameradinnen entsetzt an: „Wie? Gehst du mit kurzen Ärmeln in die Schule?"

„Ja", antwortete ich trotzig. „Die Sofie kommt immer mit Sportstrümpfen, da kann ich auch mit kurzen Ärmeln kommen."

„Geh sofort nach Hause!", fuhr mich meine Klassenlehrerin an. „Und zieh dir etwas Anständiges an." Weil mir das zu dumm war, griff ich zu einer Notlüge: „Meine Mutter ist nicht zu Hause, glaube ich." Also durfte ich mit diesem anstößigen Kleid bleiben, aber nicht ohne ermahnt zu werden: „Leg deine Arme unter die Bank, damit sie keiner sieht. Du verführst ja die Männer."

Dann war da noch die Geschichte mit dem Duschen. Alle vierzehn Tage suchte meine Klasse zum Duschen ein öffentliches Bad auf. Obwohl unser Haus bereits über ein Badezimmer verfügte, entschied mein Vater als gewissenhafter Beamter: „Sondere dich nicht ab! Geh einfach mit den anderen Kindern duschen." Die Duschen in diesem Bad waren durch Wände voneinander getrennt, und vor jeder Kabine hing ein Vorhang. Da aber die Gefahr bestand, dass vielleicht irgendwo ein Spalt zum Durchschauen blieb, mussten wir, nachdem wir unsere Kleider abgelegt hatten, ein spezielles Hemd anziehen, das uns von der Pförtnersfrau ausgehändigt wurde. Dann erst ging es mit Duschen und Waschen los, wohlverstanden im Hemd.

Auch an eine andere Episode erinnere ich mich gut – sie hat wieder mit meinen Haaren zu tun. Ich habe immer sehr gerne und gut gerechnet. Zur Hausaufgabenkontrolle mussten wir das Heft mit der Banknachbarin tauschen. Eine Schülerin las ihre Ergebnisse vor, und alle machten in dem fremden Heft entweder ein Häkchen hinter das Ergebnis oder ein „f" für falsch. Eines Tages rief meine Banknachbarin lauthals in die Klasse: „Der rote Fuchs hat die Rechnungen alle richtig!" Aufgrund dieser herzlosen Bemerkung hielt es die Ordensschwester wohl für ratsam, mir einen gut gemeinten Rat zu erteilen: „Geh ins Kloster, Kind, dann sieht man deine roten Haare nicht mehr."

Nach der siebten Klasse kam ich mit drei anderen Mädchen aufs Lyzeum nach Limpertsberg, wo ich zu meiner Erleichterung nicht länger die einzige Rothaarige war, sondern zwei Schicksalsgenossinnen hatte. Kaum war ich vierzehn Tage dort, fragte mich die rothaarige Timmy: „Sag mal, Vicky, wie kommst du an deine roten Haare?"

„Ja, weißt du", erklärte ich ihr, „mein Vater ist zwar schwarzhaarig, aber er hat einen roten Bart."

„Aha, so ist das", atmete Timmy auf. „Mein Vater hat auch einen roten Bart." Dann erkundigte sie sich noch bei Editha, deren Vater an der Botschaft beschäftigt war: „Editha, wie kommst du an dein rotes Haar?"

Selbstbewusst warf Editha ihre rote Lockenpracht zurück und antwortete: „Ich habe kein rotes Haar! Ich bin goldblond!" Wahrscheinlich hatte dieses Mädchen keine solchen Komplexe wie Timmy und ich. Bei mir ging das schon so weit, dass ich befürchtete, deswegen keinen Mann zu finden und damit auch keine Kinder zu bekommen.

Da ich aber Kinder über alles liebte, entschied ich mich, Lehrerin zu werden. Dadurch hatte ich Umgang mit Kindern und war auch ohne Ehemann finanziell abgesichert, überlegte ich. Also meldete ich mich nach dem Abitur auf der Lehrerinnenbildungsanstalt an.

Im Grunde genommen hatten meine Eltern nichts gegen meine Pläne einzuwenden. Im Gegenteil, sie waren zufrieden, weil dieser Beruf mir mein Auskommen sicherte. Denn auch sie rechneten damit, dass ich aufgrund meiner Haarfarbe keinen Ehemann finden würde, also zu einem Leben als kinderlose, alte Jungfer verdammt war. Als sich dann jedoch bei meinem Bruder hinsichtlich seiner Lebensplanung eine völlig unerwartete Wendung ergab, sahen sie das nicht mehr so gelassen.

Mein Bruder, hochintelligent und gleichermaßen begabt für Sprachen und Mathematik, studierte zunächst Mathematik an der Universität in Luxemburg. Dann setzte er seine Studien in Zürich fort, um Ingenieur zu werden. Als er nach vier Jahren von dort zurückkam, konfrontierte er meine Eltern mit der Tatsache, dass er Geistlicher werden wollte. Obwohl praktizierende Katholiken, waren meine Eltern entsetzt über diese Mitteilung. Sie brachen sogar in Tränen aus, und ich heulte gleich mit. Nicht, dass meine Eltern gegen den Beruf eines Priesters als solchen etwas gehabt hätten. Was sie daran störte, war lediglich die Ehelosigkeit und die damit verbundene Kinderlosigkeit. Sie sahen ihre Hoffnungen auf Enkel dahinschwinden, befürchteten, die Familie würde aussterben. Mich hatten sie ja bereits abgeschrieben. Tieftraurig tat mein Vater den Ausspruch: „Wir sitzen auf einem absterbenden Ast."

Umso glücklicher waren sie, als sich an meiner vorprogrammierten Ehelosigkeit doch noch etwas änderte. Ich wurde an eine andere Schule versetzt, an die gleichzeitig mit mir ein neuer Lehrer kam. Er war ein flotter junger Mann, gut aussehend und nur ein Jahr älter als ich. Allerdings war er äußerst schüchtern und zurückhaltend. Warum, das habe ich später von seiner Mutter erfahren.

Er war ihr jüngster Sohn und erst vierzehn Monate alt, als der Vater 1919 an der Spanischen Grippe starb und seine Mutter von einem Tag zum anderen alleine mit fünf Kindern dastand. Es war ihr nicht möglich gewesen, die vier Älteren studieren zu lassen, wenngleich alle eine gute Ausbildung erhielten. Als sich nun zeigte, dass der Jüngste hochintelligent war, unterstützten alle Geschwister sie, damit er studieren konnte. Und genau deshalb fühlte er sich dann irgendwie verpflichtet, möglichst lange bei der

Mutter zu bleiben, um ihr einen Teil der Aufwendungen zurückzuzahlen. Der Mutter war das gar nicht recht. Sie hätte es lieber gesehen, wenn er sich bald verheiratet hätte. Sie erzählte das zwar ihren Bekannten, nicht aber ihrem Sohn, vielleicht hätte der sich sonst eher auf Brautschau begeben.

Nachdem wir uns bereits vier Jahre kannten, uns fast täglich gesehen und miteinander gesprochen hatten, trafen wir uns eines Tages an der Kirchentreppe, denn wir wollten beide die Andacht besuchen. Da machte er mir plötzlich einen offiziellen Antrag, bestand aber darauf, dass unser Verlöbnis geheim bliebe, weil wir doch an derselben Schule arbeiteten. Am liebsten hätte er in aller Stille, möglichst in der Nacht um vier Uhr, geheiratet, damit niemand es mitbekam. Aber das war nur am Anfang so. Später, als wir verheiratet waren, spazierte er voller Stolz mit mir durch die Stadt.

Als wir uns zur Trauung anmeldeten, machte der Priester die Bemerkung: „Da kommen ja Feuer und Wasser zusammen." Mit Wasser meinte er meinen Mann.

„Ja", erwiderte ich, „das ist gut so. Das Wasser löscht das Feuer, und das Feuer bringt das Wasser zum Kochen."

Über meine Heirat waren meine Eltern sehr glücklich. Jetzt sah der Vater endlich eine Chance auf Fortbestand seiner Familie. Er konnte es kaum erwarten, sein erstes Enkelkind im Arm zu halten. Als es dann nach knapp einem Jahr kam, waren meine Eltern außer sich vor Freude, und mein Vater fühlte sich von der Sorge befreit, auf einem absterbenden Ast zu sitzen. Mein Mann war an diesem Tag ebenso glücklich, nicht nur wegen seiner hübschen Tochter, sondern weil noch ein anderer Traum in Erfüllung ging. Das Mathematikbuch, das er geschrieben hatte, war fertig und lag genau an diesem Tag zum ersten Mal im Schaufenster.

Über die beiden nächsten Kinder, die ich bekam, zeigten sich meine Eltern ebenfalls hocherfreut. Nur als ich zum vierten Mal schwanger wurde, sahen sie das beinahe als Katastrophe an. „Willst du es etwa dem großherzoglichen Hof nachmachen?", spotteten sie. Sie machten mir sogar massive Vorwürfe: „Was sollen unsere Bekannten von euch halten? Die denken doch nur daran, dass sie schon wieder ein Geschenk machen müssen."

Durch ihr negatives Reden bewirkte meine Mutter es schließlich, dass wir die Geburt des vierten Kindes nicht in der Zeitung anzeigten.

Doch als sie mich im Krankenhaus besuchte und das Kind sah, war sie ganz hingerissen über das schwarzhaarige Mädchen. Nun hatte sie wenigstens eine Enkelin, die ihrem Wunschbild entsprach. Voller Stolz erzählte sie danach der ersten Freundin, der sie begegnete: „Wir haben wieder so ein schönes, schwarzhaariges Mädchen bekommen."

„Mein Gott", antwortete die Freundin verständnisinnig: „Bei meinen acht Kindern hatte ich auch nur eine Rothaarige."

Und was die Leute in unserer Straße anging, so machten sie mir ebenso viele Geschenke wie bei den ersten drei Kindern. Nur bei meinen Freundinnen vom Lyzeum lief es diesmal anders. Wir beschenkten uns immer gegenseitig, wenn ein Kind angekommen war. Doch da wir diesmal keine Geburtsanzeige in die Zeitung gesetzt hatten, wussten sie nichts von dem vierten Kind. Als wir uns einige Zeit später zum Kaffeeklatsch trafen, fragten sie mich unverblümt, was eigentlich mit einem weiteren Kind sei, denn es werde doch langsam wieder Zeit.

„Es ist schon da", antwortete ich. „Wir haben es diesmal in aller Heimlichkeit bekommen." Alle lachten und wollten den Grund für diese Heimlichtuerei wissen. In den nächsten Tagen begannen dann die Geschenke zu fließen – ich glaube, bei keinem Kind waren es so viele wie beim vierten.

Auch wenn es sich dumm anhört, aber ich war wirklich glücklich und dankbar, dass keines meiner Kinder rote Haare hatte. Noch in der nächsten Generation glaubte ich, aus eigener leidvoller Erfahrung, meinen Kindern vorbeugend gute Ratschläge geben zu müssen: „Erschreckt nicht, wenn ihr ein rothaariges Kind bekommt", bis dann eine meiner Töchter verwundert sagte: „Mama, warum sollten wir denn erschrecken? Das macht uns gar nichts aus. Rote Haare sind doch etwas Schönes." So ändern sich die Zeiten.

Bis jetzt habe ich zehn Enkelkinder, und nicht eines hat rote Haare. Obwohl es heute genug Frauen gibt, die sich die Haare sogar rot färben, konnte ich die Erlebnisse meiner Kindheit und Jugend nie ganz überwinden und atme bei jedem neuen Enkelkind auf, das nicht rothaarig ist. Nur bei meinem ältesten Enkelsohn sprießt ein roter Bart, wohl ein Erbe meines Vaters, und damit hat sich der Kreis geschlossen. Überhaupt wäre mein Vater sehr stolz, könnte er sehen, wie prächtig sich der vermeintlich dürre Zweig seiner Familie entwickelt hat. Aber er scheint es geahnt zu haben, denn irgendwann hat er einmal zu mir gesagt: „Ich kann nie mit dir streiten. Du hast mich zu glücklich gemacht."

Nachdem ich fast vier Jahrzehnte lang unter meinen roten Haaren gelitten hatte, gab es endlich die Möglichkeit, sie zu färben. Das fiel überhaupt nicht auf, da ich von Natur aus dunkle Augenbrauen und Wimpern habe. Als ich über die fünfzig längst hinaus war, bekam mein Sohn eine neue Lehrerin. „Ah, du bist aus Düdelingen", konstatierte sie. „Weißt du, aus diesem Ort hatte ich einmal eine liebe Schülerin – sie hieß Vicky."

„Ja, das ist meine Mutter", sagte er.

„Oh", schwärmte sie. „Die hatte so schönes Haar. Wir haben sie immer bewundert."

Schade, dass sie mir das nie früher gesagt hat, denn das hätte mir vielleicht einiges Leid und Kummer erspart. Aber auch im Nachhinein taten mir ihre Worte gut.

Vor achtzehn Jahren haben mir meine roten Haare sogar einmal Glück gebracht. Irgendwo hatte ich den Aufruf zu einem Schreibwettbewerb gelesen, aber nicht weiter darüber nachgedacht. Als ich eines Tages lange auf meinen Zug warten musste, fiel es mir wieder ein, und mir kam die Idee, meine Erlebnisse als rothaariges Kind und junges Mädchen aufzuschreiben.

Von siebzig Geschichten, die bei der Redaktion eingingen, kamen vier in die engere Wahl – meine war darunter. Noch mehr staunte ich, als ich erfuhr, dass ich den ersten Preis gewonnen hatte. Er brachte mir nicht nur zehn schöne Bücher ein, sondern ich durfte in der Gemeindehalle vor einem großen Publikum meine Geschichte vorlesen. Später wurde sie noch in mehreren Zeitschriften veröffentlicht und im Rundfunk gesendet.

Inzwischen sind meine seelischen Wunden längst verheilt. Und wenn ich in den Spiegel schaue und meine grauen Haare sehe, dann denke ich wehmütig: Ach, wären sie doch noch einmal rot!

Ein kleines Glück

Theresia, Jahrgang 1922, aus Kössen/Österreich

Meine Geschwister und ich haben eine ganz einfache oder sogar ärmliche Kindheit verlebt. Obwohl meine Eltern eine eigene Landwirtschaft besaßen, ging es bei uns mit dem Essen manchmal so knapp zu, dass man schon froh war, wenn eine Milchsuppe auf den Tisch kam oder ein paar Kartoffeln.

Ich wurde als Dritte in einer achtköpfigen Kinderschar geboren. Das erste Kind war ein Mädchen, das zweite ein Bub, der nur ein Jahr älter war als ich und mit zwei Jahren an einer Keuchhusteninfektion starb, die ich damals überstand.

Nach mir bekamen meine Eltern noch fünf Söhne. Auf diesen Segen war mein Vater einerseits stolz, andererseits wollten die vielen Kinder ernährt werden und brauchten Kleidung. Zum Glück war die Mutter sehr geschickt im Nähen und machte alles für uns selbst. Alte Sachen wurden einfach aufgetrennt und neue daraus geschneidert. Unsere Kleidung war also sehr bescheiden. Jedes Kind besaß eine schafwollene Jacke, die die Mutter anfangs selbst strickte, später dann in einer Strickerei anfertigen ließ. Unsere kratzigen Strümpfe waren ebenfalls aus Schafwolle und wurden mit Strapsen an einem Leibchen befestigt, aber zwischen Strumpf und Unterhose blieb das Bein nackt. Die Mutter stellte aus Filz und Leder, das sie beim Schuster kaufte, auch Schuhe für uns her, die bei uns mundartlich Duckl hießen und die man trug, solange es trocken war. Für kaltes und nasses Wetter hatte man ein Paar feste Schuhe, die von einem Kind zum nächsten weitervererbt wurden, bis sie ganz aufgetragen waren.

Meine Mutter war eine strenge Frau, die für sich und andere nichts kannte außer Arbeit von früh bis spät, aber wir waren daran gewöhnt und empfanden es nicht als schlimm. Der Vater war mindestens ebenso streng und arbeitsam. Außer der Arbeit spielte die Kirche eine wichtige Rolle in unserem Leben. Meine Mutter hat uns alle sehr religiös erzogen, und bei jedem Wetter schickte sie uns zur Messe. Das waren zwanzig Minuten zu Fuß. Wir mussten losziehen, auch wenn hoher Schnee lag und es eiskalt war. Besonders wir Mädchen haben schrecklich gefroren mit unseren Röcken, deren Säume immer nass oder gar steif gefroren waren.

Unser Schulweg war ebenso weit wie der Weg zur Kirche. Im Sommer stellte das kein Problem dar, aber im Winter wussten wir oft nicht, wie wir durchkommen sollten. Wenn der Schnee einigermaßen geräumt war, konnte man mit dem Schlitten fahren. Im letzten Schuljahr besuchte ich zusätzlich die Kochschule der Barmherzigen Schwestern. Das hat viel Spaß gemacht, weil es einmal etwas anderes war, als immer nur in der Schulbank zu sitzen.

Als ich 1937 aus der Schule entlassen wurde, hatte ich eine Rezeptsammlung beisammen, alles handgeschrieben in deutscher Schrift, die heute kaum noch jemand lesen kann. Mein Abschlusszeugnis war recht gut, besonders meine Noten in Geschichte und Geografie, denn diese beiden Fächer haben mich schon immer interessiert und tun es noch heute. Das merkt man auch daran, dass ich furchtbar gerne reise. Früher konnte sich das kaum jemand leisten, aber später habe ich mir schon die eine oder andere Reise gegönnt und inzwischen so einiges von der Welt gesehen.

Seit meinem zehnten Lebensjahr musste ich Kindermädchen bei meinen kleinen Brüdern spielen, denn die Mutter war ja auf dem Feld. Einmal, als der Christian einige Abszesse am Genick hatte, trug mir die Mutter auf: „Leg ihm immer wieder warme Heublumen auf." Als die Blüten in einer Pfanne auf dem Herd standen, schaute ich zum Fenster hinaus und entdeckte, dass am Zwetschenbaum die ersten Früchte reif waren. Da waren die Heublumen schnell vergessen. Ich aß alle reifen Früchte, die ich erreichen konnte, bis mir die Pfanne auf dem Herd wieder einfiel. In der Küche schlug mir schon beißender Rauch entgegen, und mein Bruder schrie: „Nein, Resi, die Heublumen da will ich nicht. Damit verbrennst du mir ja das Genick."

Sie waren wirklich kohlschwarz. Also kippte ich sie ins Feuer und tat neue in die Pfanne. Als sie mir warm genug schienen, füllte ich sie in ein Leinensäckchen, band es zu und legte es dem Bruder in den Nacken. Das sollte gut sein gegen die Schmerzen und die Heilung fördern.

Auf Dauer konnte unser kleiner Hof nicht so viele Leute ernähren. Deshalb mussten wir alle zu gegebener Zeit sehen, dass wir eine Arbeit fanden. Ein Bruder bekam den Hof, einer wurde Zimmerer, einer Tischler, und die beiden anderen fanden Anstellungen als Hilfsarbeiter. Meine Schwester verließ ebenfalls früh das Haus und arbeitete jahrelang als Bedienung in einem Wirtshaus, kam dann jedoch für eine Weile wieder nach Hause. Da gleichzeitig ich noch da war sowie eine Tante, die den Sommer als Sennerin auf der Alm verbracht hatte, entschied mein Vater: „Alle drei kann ich den Winter über nicht durchfüttern. Eine muss weg."

Wenige Tage darauf starb meine Großmutter, und Verwandte aus Deutschland kamen zur Beerdigung, darunter ein Mann, der nicht nur eine große Landwirtschaft hatte, sondern zusätzlich einen Viehhandel betrieb. Er kam mit meinen Eltern ins Gespräch und fragte sie, ob er mich mitnehmen dürfe. Vater und Mutter stimmten natürlich sofort zu, und auch ich war mit dieser Regelung zufrieden, denn ich wollte schon immer etwas anderes sehen und erleben. Da ich jedoch erst sechzehn Jahre alt war, legte meine Mutter meinem künftigen Arbeitgeber ans Herz, gut auf mich aufzupassen und mich, wenn nötig, zu bremsen.

Trotz der vielen Arbeit in Haus und Hof empfand ich das Leben in Deutschland als angenehm, vor allem weil es immer reichlich zu essen gab, sogar Fleisch und als Getränk ein Bier dazu. Das waren für mich Sachen, die ich bisher nur dem Namen nach kannte. Kein Wunder, dass ich bei der üppigen Verpflegung ganz schön an Gewicht zulegte. Nach vier Jahren kehrte ich nach Hause zurück – nicht freiwillig, sondern weil meine Mutter im Alter von sechsundvierzig Jahren noch einmal ein Kind bekommen hatte und mich brauchte. Ansonsten wäre ich bestimmt in Deutschland geblieben, wo ich mich wohlfühlte und inzwischen einige Freunde gefunden hatte. Aber alles hat sein Gutes, und das Schicksal geht seine eigenen Wege. Zurück in meinem Heimatort, lernte ich nämlich Paul kennen, einen sehr lieben, guten Mann, den ich später heiratete. Wer weiß, ob ich ihn jemals getroffen hätte, wäre ich in Deutschland geblieben.

Meinen jüngsten Bruder habe weitgehend ich großgezogen. Es war fast so, als ob er mein Kind wäre, denn die Mutter hatte nicht mehr die Kraft für ein Kleinkind und war mit den Nerven am Ende. Als der Kleine mich dann nicht mehr beständig brauchte, bin ich fünf Sommer lang auf die Alm gegangen. Tagelang war ich dort ganz allein mit den Kühen, die ich melken und aus deren Milch ich Butter und Käse machen musste. Auch wenn es mir oft langweilig war, habe ich die Zeit auf der Alm genossen. Ich konnte viel über Gott und die Welt nachdenken und kam viel zum Lesen. Wenn ich irgendwo ein Buch erwischen konnte, habe ich es verschlungen.

Da wir so nahe an der Grenze wohnten, blieb es nicht aus, dass wir auch mal geschmuggelt haben. Ich war nicht die Beste darin, ganz im Gegensatz zu meinen Freundinnen, die sich überaus geschickt anstellten. Es waren nur Kleinigkeiten, die wir schmuggelten – Seife oder Strümpfe. Wir kauften die Sachen in Reit im Winkl und banden sie uns unter der Kleidung um den Leib. Bei meinem dritten Schmuggelversuch bin ich schon erwischt worden. Man nahm mir alles ab und legte es vor mich auf den Tisch. Traurig schaute ich auf die Sachen, für die ich schließlich mein sauer verdientes Geld geopfert hatte. Irgendwie versuchte ich, die Situation zu retten. Mit reuigem Gesicht fragte ich ganz kleinlaut: „Was ist jetzt? Muss ich das alles dalassen?"

Der Zöllner hatte ein gutes Herz und sah mir an, dass ich keine Profischmugglerin war.

„Na, nimm's nur mit, dein Glump."

Erleichtert packte ich meine Habseligkeiten und hüpfte über die Grenze davon. Meine Schmugglerkarriere jedoch war nach diesem Erlebnis endgültig beendet.

Obwohl wir keine Geschenke bekamen und so gut wie nichts zum Spielen hatten, liebten wir das Weihnachtsfest. Wir haben uns immer sehr aufs Christkind gefreut, an das ich geglaubt habe, bis ich zehn Jahre alt war. Meine Mutter war sehr erfinderisch, wenn es darum ging, aus nichts etwas zu zaubern. Einmal hat sie einen Stoff als Geschenk gekauft und zum nächsten Weihnachtsfest dann daraus ein Hemd genäht. So hatte sie gleich ein Geschenk für zwei Jahre. Meine Schwester und ich bekamen meistens eine Schürze oder ein Unterhemd. Und die Buben fanden ein Paar Socken oder eine Wollmütze unter dem Baum. Es gab also wirklich nur Sachen, die man dringend brauchte. An Schleckereien war nicht zu denken, nicht einmal an Plätzchen – die konnten wir uns nicht leisten. Wenn wir ganz großes Glück hatten, hat die Mutter einen Zopf gebacken. Wenngleich also das Weihnachtsfest bei uns wirklich einfach begangen wurde, meine ich, dass es irgendwie schöner war als heute und wir trotzdem ganz zufrieden und glücklich waren. Obwohl es nicht viel gab, war dieses Fest für uns immer etwas Besonderes.

Später, als die größte Not vorüber war und es auch unserer Familie etwas besser ging, wurde für jeden zu Weihnachten ein Früchtebrot gebacken, das aus getrockneten Äpfeln, Birnen, Zwetschen und Nüssen bestand. Das war immer eine große Sache! Den größten Teil aß man gleich an Weihnachten auf, doch das Endstück – Scherzel sagt man bei uns – gab man dem Liebsten. Weil ich meins dem Paul geben wollte, habe ich es besonders gut versteckt, doch trotzdem verschwand es. So sehr ich auch suchte, es war nirgends zu finden. Das konnten nur meine Brüder gewesen sein, die mich ärgern wollten.

Paul stammte von einem Bauernhof, jedoch nicht aus unserem Ort. Einer seiner Brüder, der ebenfalls den väterlichen Hof verlassen musste und die Erbin eines großen Anwesens ganz in unserer Nähe heiratete, holte ihn als Knecht auf diesen Hof.

Man hatte eine große Hochzeit geplant, doch eine Woche vor dem Termin starb plötzlich der Bauer, also der Vater der Braut, und das Fest fiel ins Wasser. Weil wir jungen Leute aus der Nachbarschaft trotzdem ein bisschen feiern wollten, gingen wir nach der Trauung gemeinsam in mein Elternhaus. Auch der Bruder des Bräutigams, der Paul, war mit von der Partie. Als meine Mutter ihn sah, flüsterte sie mir zu: „Der

Bursche da, der gefällt mir. Der ist ein wirklich netter Mann." Mir war er bis zu diesem Zeitpunkt gar nicht aufgefallen, denn er hatte nicht getanzt und immer abseits gestanden. Nachdem meine Mutter mich jedoch auf ihn aufmerksam gemacht hatte, nahm ich ihn genauer in Augenschein. Zur gleichen Zeit musterte auch er mich eingehend, und was er sah, schien ihm zu gefallen. Jedenfalls sprach er mich wenig später an, und die Geschichte nahm ihren Lauf. 1948 haben wir dann geheiratet und das Haus gebaut, in dem ich heute noch lebe.

Die gute alte Zeit

Margarethe, Jahrgang 1914, aus Reit im Winkl

Ich wurde kurz vor Beginn des Ersten Weltkrieges geboren. Außer mir waren da noch fünf weitere Geschwister, vier Mädchen und ein Junge. Eigentlich hätten meine Eltern einen zweiten Sohn gehabt, aber dieses Kind war gleich nach seiner Geburt gestorben.

Mein Vater stammte von einem Bauernhof, den er jedoch verlassen musste, weil er nicht der Älteste war. Wie viele andere Bauernsöhne, denen es ähnlich erging, verdingte er sich als Holzknecht. Montags verließ er in aller Herrgottsfrühe, so zwischen drei und vier Uhr, das Haus und wanderte mit einem ganzen Trupp von Waldarbeitern hinauf zum Masererpass, der einige Stunden Fußmarsch entfernt war. Die ganze Woche über lebten sie deshalb in einer Waldhütte und kamen erst am Samstagnachmittag wieder nach Hause, wo es dann auch noch genug Arbeit gab, denn die meisten betrieben nebenher eine kleine Landwirtschaft.

Meine Mutter stammte ebenfalls von einem

Bauernhof und hatte von zu Hause ein bisschen Land mitbekommen, das bewirtschaftet werden musste. Da wir in der Nähe des Elternhauses meiner Mutter wohnten, hielten wir uns oft dort auf – nicht nur um die Milch zu holen, sondern weil wir sehr an unserer Großmutter hingen. Allerdings wurden wir, sobald wir alt genug waren, hier wie dort zum Helfen eingesetzt.

Später haben meine Eltern ein Haus gekauft, es umgebaut und eine kleine Pension eröffnet, als sie erkannten, dass sich in unserem Ort ein zunächst noch recht bescheidener Fremdenverkehr zu entwickeln begann. Reit im Winkl war damals noch ein kleiner Ort und längst nicht so bekannt wie heute, aber es war schon immer wunderschön mit den hohen Bergen ringsherum.

Zusätzlich arbeitete meine Mutter im Gasthaus zur Post als Serviererin. Das war wichtig für uns, denn damit brachte sie nicht nur so manche zusätzliche Mark nach Hause, sondern auch Pensionsgäste. Bei ihrer Arbeit lernte sie Leute kennen, die aus beruflichen Gründen für eine Weile bleiben mussten, die zwar in die Post zum Essen kamen oder sogar vorübergehend dort wohnten, aber auf Dauer eine preiswertere Unterkunft suchten. Das war genau richtig für meine Mutter und ihre Pension. Doch auch erste Touristen fragten an und konnten sich bei uns für eine Mark dreißig einschließlich Frühstück einmieten. Das waren die Anfänge des Fremdenverkehrs.

Manchmal, wenn mein Vater am Samstagnachmittag von der Arbeit kam, verkündete er: „Mutter, nächste Woche bleib ich drüben. Bis dahin sind die Himbeeren reif. Dann schickst du mir die Kinder zum Pflücken."

Meist sind wir zu zweit losgezogen. Entweder begleitete mich eine meiner Schwestern oder eine meiner Cousinen. Als wir schon älter waren, fuhren wir mit unseren Fahrrädern bis Seegatterl und stellten sie bei meiner Patentante unter. Der größte Teil des Weges bis zur Holzknechtshütte, in der mein Vater die Woche über hauste, musste jedoch zu Fuß zurückgelegt werden. Wir konnten bei ihm die Nacht vom Samstag auf den Sonntag verbringen, weil die anderen Arbeiter bei ihren Familien waren. Das war immer ein Riesenspaß für uns, denn in dieser Hütte schlief man nicht in richtigen Betten, sondern auf einem primitiven Lager am Boden. Alles war ganz einfach dort, ohne die geringste Bequemlichkeit, aber gerade das genossen wir.

Am Sonntag gingen wir dann mit dem Vater in die Beeren. Jeder hatte eine alte, verbeulte

Milchkanne aus Aluminium mit Henkel dabei. Der Vater kannte die besten Plätze, und je nach Jahreszeit sammelten wir Erdbeeren, Himbeeren, Brombeeren oder Heidelbeeren. Fleißig pflückten wir unsere Kannen voll, um sie später vorsichtig nach Hause zu tragen. Die Mutter hat aus den Früchten Marmelade gekocht, die fürs ganze Jahr reichte. Wenn wir Erdbeeren nach Hause brachten, haben die Pensionsgäste immer mit hungrigen Augen geschaut. „Gell, wir bekommen auch ein paar Erdbeeren", bettelten sie. Die Mutter füllte für jeden ein kleines Schälchen, sagte dann aber: „Mehr kann ich Ihnen nicht geben. Die Kinder sollen schließlich auch noch etwas abbekommen, wenn sie schon den ganzen Tag den Rücken krumm gemacht haben."

Mit sechs Jahren wurde ich eingeschult. Wir hatten einen Lehrer, der gerne Theater spielte und mit uns von Zeit zu Zeit kurze Stücke einstudierte. Wenn ich eine kleine Rolle übernehmen durfte, war ich mächtig stolz, aber auch das bloße Zuschauen habe ich genossen. Insofern sah ich die Schule als eine willkommene Abwechslung an.

Sonntags mussten wir um zehn Uhr in die heilige Messe und anschließend zur sogenannten Christenlehre, die nach dem Gottesdienst in der Kirche stattfand. Anschließend hasteten wir nach Hause, schlangen unser Mittagessen herunter und rannten zurück ins Dorf, denn um ein Uhr mussten wir in unserem Klassenzimmer zur Sonntagsschule sein, die unser Lehrer abhielt und wo er uns hauptsächlich in Geografie unterrichtete, vermutlich, weil das sein Steckenpferd war. So also sahen unsere Sonntage aus, mit Ausruhen und Ausschlafen, wie man das heute gerne macht, war nichts.

Im Sommer sind wir alle barfuß herumgelaufen, selbst in die Schule zogen wir keine Schuhe an, denn die wurden für die kalte Jahreszeit geschont. Eines Tages entdeckte mein Vater irgendwo Sandalen – „Schandalen" nannte er sie. Er war so begeistert, dass er beschloss, sie uns zu kaufen. Für uns waren die Sandalen etwas ganz Besonderes, denn kaum jemand besaß solches Schuhwerk zu dieser Zeit.

Einmal im Jahr fand im Dorf ein Kleidermarkt statt. Warum der so hieß, weiß ich nicht, denn dort wurden keineswegs nur Kleider angeboten. Eigentlich konnte man alles auf diesem Markt kaufen, auch Essbares und Süßigkeiten. Jedenfalls war es immer ein aufregendes Ereignis und ein Muss, selbst wenn man nichts kaufen wollte. Ja, eigentlich wusste man von vornherein, dass man sich all diese Schätze gar nicht leisten konnte. Neue Kleider waren ohnehin zu teuer, und wenn es hoch kam, erstand die Mutter einmal eine Schürze. Aber wir waren genügsam und genossen das Wenige, das für uns möglich war.

Zugleich war der Markt ein Treffpunkt, wo man fast alle seine vielen Onkel und Tanten wiedersah. Und wenn die einem gelegentlich zwanzig, dreißig oder gar fünfzig Pfennig zusteckten, dann war das das Höchste, und wir haben geradezu Luftsprünge gemacht vor lauter Freude. Einmal, als ich mit einer meiner Schwestern auf dem Kleidermarkt herumlief, hat mir ein Bruder der Mutter Geld in die Hand gedrückt und uns ermahnt: „Teilt es aber gleichmäßig unter allen Geschwistern auf."

Ich schaute in meine Hand und sah fünf Mark! Ich traute meinen Augen nicht. „Aber Onkel, du hast dich bestimmt geirrt. Das sind ja fünf Mark!"

„Nein, nein", antwortete der Onkel. „Das ist für euch."

Wir haben das Geld jedoch nicht ausgegeben, sondern jeden Pfennig gespart – so wie die Mutter es uns immer ans Herz gelegt hat.

Manchmal unternahm ich auch etwas mit Freundinnen, vor allem mit der jüngsten Tochter des

Lehrers, die etwa in meinem Alter war. Im Winter gehörte es zu unseren Vergnügungen, am Sonntag nach der Sonntagsschule, nach drei Uhr also, ein bisschen mit unseren Skiern herumzurutschen. Unsere Skier bestanden aus schlichten Brettern, die der Schreiner zugeschnitten und bearbeitet hatte und auf denen einfache Lederriemen als Bindung befestigt waren. Heute lacht man über so etwas oder hält es für zu gefährlich, aber wir kannten nichts anderes und waren glücklich damit.

Trotz aller Entbehrungen – oder vielleicht gerade deswegen – hat man sich über jede Kleinigkeit freuen können. Auch wurde sehr viel mehr Gemeinsamkeit gepflegt. Im Winter versammelte sich die ganze Familie abends in der Stube, man erzählte, musizierte oder machte Spiele. Im Sommer saß man vor dem Haus auf der großen Bank und erfreute sich am Sonnenuntergang. Oder man traf sich auf der großen Wiese hinter dem Haus und verbrachte den Abend mit Singen, Spielen und einem kleinen Schwatz. Oft kamen auch unsere Pensionsgäste dazu. Das war immer wunderschön, und wenn ich die Situation in den heutigen Familien sehe, dann trauere ich oft der guten alten Zeit nach.

Sicher fanden wir die viele Arbeit nicht immer schön, aber wir waren daran gewöhnt. In den letzten Schuljahren verbrachten wir die Sommer immer in Kössen, hinter der Grenze in Österreich – nicht um uns dort zu erholen, sondern um bei einem Bauern die Kühe zu hüten. Da es noch keine Weidezäune gab, mussten wir wie die Luchse aufpassen, dass sich kein Tier davonmachte. Bezahlt wurden wir in Naturalien. Wir bekamen jeden Tag unser Essen, und zusätzlich wurde am Ende einiges für zu Hause eingepackt: Bohnen, Speck, Eier und Brot. Das brachte in der schlechten Zeit eine willkommene Abwechslung in unseren kargen Speiseplan.

Als junges Mädchen habe ich solche und ähnliche Erlebnisse einmal aufgeschrieben, aber die Blätter gingen auf geheimnisvolle Weise verloren. Manchmal denke ich, dass vielleicht die Eltern sie weggeworfen haben, weil sie später nicht wollten, dass jemand erfuhr, wie arm unsere Familie einmal gewesen war.

Die erste Begegnung mit der Welt jenseits unseres Dorfes bekam ich durch meine Firmung, die für mehrere Gemeinden gleichzeitig in einem Nachbarort stattfand. Offenbar wollte sich der Bischof nicht die Mühe machen, nur für ein paar Kinder in jeden Ort zu reisen. Zum ersten Mal sollte ich an diesem Tag mit der Bahn fahren. Da wir bisher für solchen Luxus nie Geld ausgegeben hatten, freute ich mich mehr auf die Bahnfahrt als auf die Firmung. Wahrscheinlich war das bei den anderen Firmlingen genauso. Vor Aufregung war ich ganz nervös und wäre am liebsten schon früh am Morgen zum Waldbahnhof gegangen, denn allein das Gefühl, wartend an einem Bahnhof zu sitzen, stellte ich mir erhebend vor. Meine Firmpatin machte mir jedoch einen Strich durch die Rechnung, indem sie schrecklich herumtrödelte. Erst dauerte es, bis sie mir in das schöne schwarze Kleid geholfen hatte, dann nahm sie sich schrecklich viel Zeit für meine Frisur. Umständlich flocht sie meine langen Zöpfe und wand sie zu einer Gretelfrisur um meinen Kopf, wie das damals Mode war. Als ich dann endlich loswollte, musste die Patin sich selbst erst herrichten, was noch mehr Zeit in Anspruch nahm als bei mir. Ich bekam schon Angst, wir würden den Zug verpassen.

Völlig abgehetzt erreichten wir auf den letzten Drücker den Bahnhof. Nichts war mehr mit erwartungsvoller Bahnhofsatmosphäre und einem Schwatz mit den anderen Mädchen. Wir sprangen gerade noch in den Zug, als er schon losfuhr. Immerhin konnte ich die Fahrt durch das Tal genießen und die wechselnden Landschaftsbilder bestaunen.

Die Firmung selbst verlief feierlich, wie es sich gehört, und es stimmte mich ehrfürchtig, einen leibhaftigen Bischof aus der Nähe zu sehen. Anschließend wollte die Firmpatin mir etwas bieten und führte mich in ein Café. Sicher, das imponierte mir, aber der Nachteil war, dass ich den ganzen Tag mit ihr allein verbrachte. Viel interessanter hätte ich es gefunden, mit den anderen Firmlingen zusammen sein zu können. Die hatten sich nämlich einen vergnügten Tag gemacht. Später, als wir schon nicht mehr zur Schule gingen, haben wir Freundinnen uns manchmal etwas gegönnt und sind zu einem Café gewandert, wo wir großspurig einkehrten, eine Limonade bestellten und diese genüsslich tranken, bevor wir uns wieder auf den Heimweg machten. Aber zu der Zeit, als ich gefirmt wurde, gab es so etwas noch nicht in unserer dörflichen Welt.

Auf einmal war man den Kinderschuhen entwachsen und musste schauen, wie man eine Arbeit fand. Die Mutter betonte immer: „Ich mache keiner meiner Töchter Vorschriften, was sie machen sollen, aber jede muss fort von daheim. Wir können nicht alle ernähren."

Für mich war es kein Problem, eine Stelle zu finden. Sie bot sich von ganz allein an. Der Postwirt, bei dem meine Mutter seit Jahren als Bedienung arbeitete, sagte zu ihr: „Deine Gretl, die soll zu uns kommen als Biermadl."

Da ich keine Ahnung hatte, welche Berufsmöglichkeiten es überhaupt für mich gab, willigte ich ein und schleppte also mit vierzehn Jahren die Bierkrüge zu den Gästen. So war das eben damals: Sobald ein Kind aus der Schule kam, verließ es das Elternhaus, um sein Brot selbst zu verdienen.

Eine Tante von mir, meine Taufpatin, war Hüttenwirtin auf der Winklmoosalm. Zuvor hatte sie den Gasthof am Seegatterl geführt, doch als ihre Söhne alt genug waren, beschloss sie: „Die können jetzt hier unten wirtschaften; ich geh auf die Alm."

Irgendwann sagte sie zu meiner Mutter: „Ich möchte die Gretl mit auf die Winklmoos nehmen."

Meine Mutter hatte Bedenken: „Du, das seh ich nicht gern – bei all den Männern, die da oben sind. Wenn die ein junges Madl wittern, sind die gleich beim Fensterln."

„Keine Sorge, Lisbeth", entgegnete die Tante. „Die Gretl schläft bei mir."

„Ja, und wo schläft dein Mann?“, erkundigte sich die Mutter.

„Der schläft bei den Rössern.“

Das hat er dann wirklich gemacht – ihm blieb gar nichts anderes übrig.

Eines Tages, als ich noch im Gasthof Post arbeitete, habe ich einem Unbekannten sein Essen serviert. Er stellte sich als Grenzpolizist vor, und er werde ab sofort hier auf dem Zollamt arbeiten, sagte er. Da er noch keine Wohnung hatte, fragte er mich, ob ich etwas für ihn wüsste. Da machte ich es wie meine Mutter und bot ihm ein Zimmer in unserer Pension an. So kam es, dass er eine Weile bei uns wohnte.

Zu dieser Zeit hatte ich bereits einen Freund aus dem Ort, den Sepp. Der hatte ein gut gehendes Geschäft und wäre eine wesentlich bessere Partie gewesen als der arme Zöllner. Der aber hatte gleich gewusst, als er mich sah: die und keine andere. Ich dagegen war mir meiner Sache nicht ganz sicher, denn immerhin war er ein Fremder. „Aus Heidelberg stammt der?“, fragte meine Familie misstrauisch. „Was willst du denn mit dem? Der hat doch sein Herz in Heidelberg verloren.“ Solche Worte stimmten mich schon ein wenig nachdenklich. Es hätte ja durchaus sein können, dass er nur auf eine kleine Liebelei aus war.

In der Zwischenzeit hatten sich der Sepp und der Fremde angefreundet. Eines Tages beobachtete ich zufällig vom Balkon des Gasthauses, wie die beiden unten heftig miteinander diskutierten. Nach kurzer Zeit bin ich nach draußen gelaufen und habe mich eingemischt: „Eines sage ich euch, wenn ihr euch streitet, dann schau ich keinen mehr an. Damit ihr es nur wisst." Der Sepp wandte ein, dass er schließlich die älteren Rechte habe, aber ich entgegnete, dass ich den Hans lieber hätte.

Trotzdem blieben sie Freunde. Als ich mir endlich sicher war, habe ich dem Hans gesagt, dass er nun mit Vater und Mutter sprechen müsse. „Ja", antwortete die Mutter. „Wenn du es wirklich ehrlich meinst mit der Gretl, dann meinetwegen. Aber wenn du nur mit ihr spielen willst, dann lass die Finger von ihr." So einfach war das. Als der Hans in einen anderen Ort versetzt wurde, wechselte ich ebenfalls meine Stelle, um mit ihm zu gehen, und zwei Jahre später haben wir geheiratet.

Der Beruf meines Mannes war nicht ungefährlich. Oft habe ich Angst ausgestanden, wenn er kontrollieren musste, ob die einzelnen Grenzposten wirklich auf ihrem Platz waren. Wenn er bei Nacht etwa übers Fellhorn musste oder zum Taubensee oder auf die Winklmoos, dann habe ich immer gezittert. Alle Wege musste er zu Fuß machen oder mit dem Rad oder im Winter mit Skiern. Dabei bestand nicht nur die Gefahr, dass er in der Dunkelheit abstürzte, sondern man musste auch damit rechnen, dass ein Schmuggler oder Wilderer, der sich ertappt glaubte, einfach auf ihn schoss. Aber er hat immer Glück gehabt. Ich denke oft zurück an die alten Zeiten und finde, dass wir alle trotz Entbehrungen und Armut letztlich ein glückliches Leben geführt haben.